Matthias Meyer | Burkhard Schneider

Einkaufskosten senken im Mittelstand

D1664257

Matthias Meyer | Burkhard Schneider

Einkaufskosten senken im Mittelstand

100 konkrete Tipps
vom Büromaterial
bis zum Travelmanagement

GABLER

Bibliografische Information Der Deutschen Nationalbibliothek
Die Deutsche Nationalbibliothek verzeichnet diese Publikation in der
Deutschen Nationalbibliografie; detaillierte bibliografische Daten sind im Internet
über <http://dnb.d-nb.de> abrufbar.

1. Auflage Juni 2007

Alle Rechte vorbehalten
© Betriebswirtschaftlicher Verlag Dr. Th. Gabler | GWV Fachverlage GmbH,
Wiesbaden 2007

Lektorat: Barbara Möller

Der Gabler Verlag ist ein Unternehmen von Springer Science+Business Media.
www.gabler.de

Umschlaggestaltung: Nina Faber de.sign, Wiesbaden
Satz: ITS Text und Satz Anne Fuchs, Bamberg
Druck und buchbinderische Verarbeitung: Wilhelm & Adam, Heusenstamm
Gedruckt auf säurefreiem und chlorfrei gebleichtem Papier
Printed in Germany

ISBN 978-3-8349-0492-8

Vorwort

Mit diesem Buch können Sie bares Geld sparen – unserer Erfahrung nach durchschnittlich zwanzig Prozent der Kosten. Im Speziellen geht es dabei um die Kosten im allgemeinen Verwaltungsbereich, also die Kosten, die jedes Unternehmen ab einer bestimmten Größe unabhängig vom Kerneinkauf hat. Dazu zählen Gebühren für Telefon- und Mobilfunkgespräche, Kosten für Büromaterial, Ausgaben für Briefpapier, Visitenkarten und vieles mehr.

Da diese Kosten nicht den Kerneinkauf des Unternehmens betreffen, werden sie oft etwas stiefmütterlich behandelt, und ihre Optimierung wird häufig verschoben oder vergessen. Ein verschenktes Potenzial! Denn, wie wir in unserer Praxis als Einkaufsmakler für mittelständische Unternehmen täglich erleben, summieren sich diese Kosten zu recht ansehnlichen Beträgen. Zudem wird gerade in diesen Bereichen durch unflexible Lieferanten oder schlecht funktionierende Abwicklungsprozesse ein hoher Verwaltungsaufwand verursacht, der produktive Arbeitszeit der Unternehmensmitarbeiter bindet.

In diesem Buch erfahren Sie, wie Sie den allgemeinen Verwaltungsbereich Ihres Unternehmens mit geringem Aufwand Schritt für Schritt optimieren und dadurch nicht nur Kosten sparen, sondern auch produktive Arbeitszeit gewinnen und Prozessabläufe verbessern.

Damit Sie sich die wichtigsten Fakten und Ansätze immer schnell ins Gedächtnis rufen können, finden Sie am Ende jedes Kapitels unter „Tipps im Überblick" noch einmal das Wesentliche in der Zusammenfassung. So erhalten Sie 100 direkt verwertbare Empfehlungen.

Für wen ist dieses Buch?

Von diesem Buch kann grundsätzlich jeder profitieren, der innerhalb seines Unternehmens darauf achtet, die Kosten zu senken und die Abläufe zu optimieren.

In den kleineren Unternehmen ist das in der Regel der Unternehmer selbst, während mit zunehmender Größe häufig mehrere Personen für diese Themen zuständig sind. Das kann z. B. die IT-Abteilung für IT- und Telekommunikationskosten oder die Chefsekretärin für Reisekosten und Büromaterial sein. Meistens laufen die Fäden dann im Finanzcontrolling oder in der kaufmännischen Geschäftsleitung wieder zusammen.

Kurz gesagt: Dieses Buch ist das richtige für Sie, wenn Sie in Ihrem Bereich, Ihrer Abteilung oder Ihrem Unternehmen die Kosten im Griff haben wollen.

So ist das Buch aufgebaut

Das Buch führt Sie durch die verschiedenen Bereiche der Kostenoptimierung bezogen auf die allgemeinen Verwaltungskosten. Sie starten mit einer kurzen Bestandsaufnahme Ihrer eigenen Situation und Ihrer Optimierungspotenziale (Kapitel 1). In den Kapiteln 2 und 3 lernen Sie verschiedene Ansätze kennen, die Sie zur Senkung Ihrer Gemeinkosten nutzen können. Anschließend erhalten Sie für konkrete Bereiche einen Leitfaden, wie Sie die Ersparnisse realisieren können. Dies sind im Einzelnen die Themen:

➤ Mobilität: Fuhrpark (Kap. 4),
                      Travelmanagement (Kap. 5)

➤ Kommunikation: Festnetz (Kap. 6),
                      Breitband (Kap. 7),
                      Mobilfunk (Kap. 8),
                      Mobile Lösungen (Kap. 9),
                      TK-Anlagen (Kap. 10)

➤ Finanzen: Lohn- und Personalbereich (Kap. 11)

➤ Office: Büromaterial (Kap. 12),
                      Büromöbel (Kap. 13),
                      Drucksachen (Kap. 14)

In jedem Kapitel finden Sie die **drei wichtigsten Ansätze** in der Übersicht. Sie sind gewissermaßen das Minimalprogramm zur Optimierung. Wenn Sie diese Hinweise umsetzen, haben Sie bereits **70 Prozent der Potenziale** gehoben.

Um Ihnen den Überblick zu erleichtern, sind die Fachkapitel einheitlich in folgende Subkapitel aufgeteilt:

> Markt und Marktentwicklung
> Ersparnispotenzial
> Die wichtigsten Optimierungsansätze
> Umsetzung im Detail
> Das A – Z ...
> Lösungen für kleine Budgets
> Tipps im Überblick

In Kapitel 15 erfahren Sie mehr über typische Fehler in der Beschaffung und wie Sie sie vermeiden. Kapitel 16 zeigt Ihnen konkrete Schritte zur Kostenoptimierung. Das abschließende Kapitel 17 gibt Umsetzungs-Empfehlungen und listet die 100 Tipps dieses Buches noch einmal in einer Umsetzungs-Tabelle auf.

Das besondere Angebot für Leser

Als Leser dieses Buches können Sie von einem besonderen Angebot profitieren. In den letzten Jahren haben wir als Einkaufsmakler für mittelständische Unternehmen nicht nur einiges an Wissen und Umsetzungsroutine angesammelt, was die Beschaffung im allgemeinen Verwaltungssektor angeht. Wir haben durch die Vielzahl der Kunden, die wir betreuen, auch ein nicht unerhebliches Gewicht im Markt aufgebaut. Dadurch bekommen wir von vielen Lieferanten sehr gute Rahmenkonditionen für unsere Kunden.

Ihnen als Leser bieten wir eine unverbindliche Analyse Ihrer Kosten im allgemeinen Verwaltungsbereich und stellen Ihnen unsere Rahmenkonditionen zur Verfügung, so dass Sie alle Einsparpotenziale nutzen können. Nehmen Sie einfach persönlich Kontakt mit uns auf (Kontaktadresse siehe Seite 141).

Danke

Wir bedanken uns bei den vielen guten Geistern, die uns während des Schreibens mit zahlreichen nützlichen Anregungen, Feedback und fachkundigem Lektorat unterstützt haben: Bernd und Stefan Doorn, Lothar Herrmann, Guido Mader, Jens Majchrzak, Jürgen Schartner und Leo Sobek. Danken möchten wir auch unseren Partnerinnen Britta Meyer und Mireille Siebert für ihre Hilfe, ihr Verständnis und ihre Geduld mit uns während der Produktion dieses Werkes.

Inhaltsverzeichnis

1. Wie hoch ist Ihr Optimierungspotenzial?

Nehmen Sie sich zum Einstieg ein paar Minuten Zeit und beantworten Sie die folgenden Fragen. Auf der Basis Ihrer Antworten können Sie relativ schnell einschätzen, wie gut Sie Ihre Kosten bereits im Griff haben. Die Fragen beziehen sich auf den allgemeinen Verwaltungssektor (die Bereiche Mobilität, Kommunikation, Lohnkosten und Personal sowie Office).

Frage 1: Sind Ihre Verträge auf dem aktuellen Stand?

Viele Verträge im allgemeinen Verwaltungssektor, die vor ein paar Jahren sehr gut waren, sind es heute aufgrund der Marktentwicklung nicht mehr. Ein gutes Beispiel dafür sind die Telefonkosten. Minutenpreise, die vor zwei Jahren noch erstklassig waren, sind heute viel zu hoch. Es lohnt sich daher, bestehende Verträge regelmäßig (z. B. einmal pro Jahr) daraufhin zu prüfen, ob sie im Vergleich zu den Marktkonditionen noch wettbewerbsfähig sind.

Ihre Einschätzung:

❏ Ja

❏ Teilweise, und zwar im Bereich _____ ,

　 weniger im Bereich _____

❏ Nein

Frage 2: Sind die Konditionen auf Ihren Bedarf angepasst?

Sie können sehr gute Konditionen und Rahmenverträge haben und trotzdem viel Geld verschwenden, wenn die Konditionen nicht Ihrem Bedarf angepasst sind. Wenn Sie z. B. Mobilfunkverträge für Vieltelefonierer nutzen, in Ihrem Unternehmen aber kaum mobil telefoniert wird, zahlen Sie vermutlich eine im Verhältnis zu hohe Grundgebühr.

Ihre Einschätzung:

❏ Ja

❏ Teilweise, und zwar im Bereich _____,

   weniger im Bereich _____

❏ Nein

Frage 3: Achten Sie auf die Zusatzkosten?

Gerade in umkämpften Märkten mit engen Margen verdienen heute viele Anbieter ihr Geld nicht mehr mit der Hauptleistung, sondern mit vielen kleinen Zusatzkosten, die nicht auf dem eigentlichen Angebot erscheinen. Das können zum Beispiel Lieferkosten oder Handlingpauschalen sein. Machen Sie daher immer Vollkostenrechnungen beim Angebotsvergleich und fragen Sie kritisch bezüglich solcher Zusatzkosten nach.

Ihre Einschätzung:

❏ Ja

❏ Teilweise, und zwar im Bereich _____,

   weniger im Bereich _____

❏ Nein

Frage 4: Arbeiten Sie prozessoptimiert?

Leider neigen viele Unternehmen dazu, für ein paar Cent Ersparnis unverhältnismäßig viel an Arbeitszeit zu investieren. Wenn etwa eine Sekretärin zwei Stunden lang Ordnerpreise im Internet vergleicht und dann bei der Bestellung insgesamt einen Euro einspart, ist das simple Geldvernichtung. Die Dame hätte mit dieser Arbeitszeit sicher produktiver für das Unternehmen tätig sein können.

Ihre Einschätzung:

❏ Ja

❏ Teilweise, und zwar im Bereich _____,

weniger im Bereich _____

❏ Nein

Frage 5: Nutzen Sie gute Rahmenkonditionen?

Viele Mittelstandsfirmen glauben, gute Rahmenvereinbarungen zu haben, werden dann aber in der Vertragsanalyse häufig eines besseren belehrt. Selbst wenn Sie selbst kein großes Verhandlungsvolumen für Rahmenverträge haben, können Sie oft über Verbände, Gemeinschaften oder Makler bessere Verträge nutzen.

Ihre Einschätzung:

❏ Ja

❏ Teilweise, und zwar im Bereich _____,

weniger im Bereich _____

❏ Nein

Frage 6: Kennen Sie Ihre Verträge?

Immer wieder erleben wir es, dass Firmen sich nicht ihrer Vertragslaufzeiten und Kündigungsfristen bewusst sind. So müssen beispielsweise Telekommunikationsverträge in der Regel drei Monate vor Vertragsende gekündigt werden. Andernfalls verlängern sie sich automatisch um ein Jahr. Wird die Kündigungsfrist „verschlafen", sitzen Sie eventuell ein Jahr länger als gewollt auf (inzwischen) teuren Verträgen.

Ihre Einschätzung:

❏ Ja

❏ Teilweise, und zwar im Bereich _____,

weniger im Bereich _____

❏ Nein

Frage 7: Werden Sie gut betreut?

Die meisten Unternehmen kaufen bei einem Anbieter nicht nur wegen der Konditionen, sondern auch wegen des persönlichen Ansprechpartners, der ihnen einen guten und zuverlässigen Service bietet. Sehr häufig ändert sich dieser gute Service, wenn der persönliche Ansprechpartner das Unternehmen verlässt und Sie als Kunden an einen Nachfolger übergibt. Prüfen Sie daher bei einem Betreuerwechsel genau, ob Sie noch den gewohnt guten Service bekommen.

Ihre Einschätzung:

❑ Ja

❑ Teilweise, und zwar im Bereich _____,

  weniger im Bereich _____

❑ Nein

Wie oft haben Sie guten Gewissens mit einem klaren „Ja" geantwortet?

Ein- bis dreimal: Achtung! Sie verschenken eine Menge Geld. Arbeiten Sie dieses Buch sorgfältig durch und setzen Sie die Tipps konsequent um, die für Ihr Unternehmen passend sind.

Vier- bis sechsmal: Sie sind bereits auf einem guten Weg, haben aber noch einiges Potenzial. Achten Sie in diesem Buch besonders auf die Themen und Bereiche, bei denen Sie mit „Teilweise" bzw. „Nein" geantwortet haben.

Siebenmal: Herzlichen Glückwunsch! Sie haben Ihre Kosten vorbildlich im Griff. Melden Sie sich bei uns. Gerne zitieren wir Sie in der nächsten Auflage als Positivbeispiel.

In den folgenden Kapiteln erfahren Sie, wie Sie generell Ihre Kosten im allgemeinen Verwaltungsbereich senken und welche konkreten Maßnahmen Sie dazu ergreifen können.

2. Die Säulen der Kostenreduzierung

Bevor Sie sich näher damit beschäftigen, wie Sie in den einzelnen Segmenten Kosten sparen oder Leistungen optimieren können, lohnt sich ein Blick darauf, an welchen Kostenschrauben Sie grundsätzlich „drehen" können. Dazu gehören neben den Einkaufskonditionen auch die Prozesskosten und die Möglichkeiten des Outsourcings.

Verbesserung der Konditionen

Viele Unternehmer fokussieren sich bei den Verhandlungen mit den Lieferanten auf Preis und Leistung. Es gibt jedoch noch zahlreiche andere Konditionen, die man genauer betrachten sollte und über die man verhandeln kann:

➤ Zahlungsbedingungen
➤ Lieferfristen
➤ Liefer- und Versandkosten
➤ Lagerhaltung
➤ Vertragslaufzeit
➤ Kündigungsfristen
➤ Flatrates

Über die einzelnen Möglichkeiten, das so genannte „Konditionspaket" zu optimieren, lesen Sie mehr im nächsten Kapitel.

Hier geht es darum, wie Sie bessere Rahmenbedingungen erhalten. Der erste Schritt beginnt damit, dass Sie sich einen guten Marktüberblick darüber verschaffen, welche Firmen welche Konditionen anbieten. Wenn die Zahl der Unternehmen sehr groß ist und deren Angebote unübersichtlich sind, bieten sich teilweise Ausschreibungen und Besuche von entsprechenden Internetplattformen an.

Zuvor macht es Sinn zu überprüfen, ob Sie bessere Rahmenkonditionen erhalten können, weil Sie z. B. Mitglied eines Berufsverbandes sind, der günstige Rahmenkonditionen für seine Mitglieder verhandelt hat. Manchmal sollten Sie auch hinterfragen, ob es sich lohnt, Einkaufskooperationen mit anderen Unternehmen einzugehen.

Wenn Sie eine gute Übersicht über die Einkaufskonditionen der einzelnen Anbieter haben, ist es an der Zeit, mit den Anbietern, die in die engere Auswahl gekommen sind, zu verhandeln. Hier gibt es weitere interessante Einsparungsmöglichkeiten, insbesondere wenn ein neuer Lieferant ins Geschäft kommen will. Sollten Sie sich z. B. entscheiden, schon vor Vertragsende zu einem anderen Lieferanten zu wechseln, ist der neue Lieferant häufig bereit, „Ablösesummen" zu entrichten oder auf einen Teil der Gebühren im Übergangszeitraum zu verzichten. Deshalb macht es in der Regel schon vor Ende der Vertragslaufzeit Sinn, in neue Verhandlungen einzusteigen.

Prozesskostenoptimierung

Häufig wundern wir uns, wie viel Zeit Unternehmen investieren, um ihre Kosten nur um einen Bruchteil zu reduzieren. Wenn man die Kosten der Mitarbeiter der generierten Ersparnis gegenüberstellt, wird man zum Teil erschrocken sein, wie teuer solch eine Optimierung kommt. Zum Teil prüfen Mitarbeiter im Haus über mehrere Stunden, ob der Bleistift beim Lieferanten B oder C eventuell 2 Cent günstiger ist.

Wie können Sie die Prozesskosten grundsätzlich niedrig halten? Wichtig ist zu Beginn, dass Sie das Pareto-Prinzip beachten. Diese Regel sagt, dass sich viele Aufgaben mit einem Mitteleinsatz von circa 20 Prozent zu 80 Prozent erledigen lassen. Bekannt ist das Pareto-Prinzip aus dem Verkauf: Die meisten Unternehmen machen mit 20 Prozent ihrer Kunden 80 Prozent ihres Umsatzes.

Dieses Pareto-Prinzip funktioniert aber nicht nur im Verkauf, sondern auch im Einkauf. Wenn es Ihnen gelingt herauszufinden, welche 20 Prozent Ihres Einkaufbedarfs 80 Prozent Ihrer Kosten verursachen, wissen Sie auch, wo es sich auf jeden Fall lohnt, den Hebel anzusetzen. Wir nutzen diesen Ansatz für unsere Kunden z. B. bei der Optimierung der Büromaterialkosten. Für die 20 Prozent der Produkte, die 80 Prozent ihrer Kosten verursachen, beschaffen wir unseren Kunden individuelle Sonderpreise. Im Ergebnis haben unsere Kunden mit kleinem Aufwand dadurch eine hohe Ersparnis generiert und verursachen gleichzeitig intern keine hohen Prozesskosten. In solchen Fällen kann es sogar sinnvoll sein, nur einen Lieferanten zu beauftragen. Sie haben allerdings noch weitere Möglichkeiten, die Prozesskosten deutlich zu senken bzw. niedrig zu halten. Sehr gut ist es zum Beispiel, wenn Sie beim Lieferanten einen zentralen Ansprechpartner haben, der alle Fragen und Probleme lösen kann, ohne an Kollegen zu verweisen. Für unsere Kunden sind wir beispielsweise in allen Segmenten, die wir für den

Kunden betreuen, eine „One-Stop-Agency". Der Kunde hat einen Ansprechpartner, der für ihn bis zu 20 Segmente betreut. Weiterhin hilft
Ihnen das Internet, insbesondere die Bestellkosten zu reduzieren. Fast
jeder Anbieter bietet mittlerweile die Möglichkeit an, per Inter-
net-Shop zu bestellen. Dabei können Sie als Entscheidungsträger wählen, ob und in welcher Höhe die Mitarbeiter direkt bestellen dürfen. In
manchen Unternehmen macht es auch Sinn, ein „Vier-Augen-Prinzip"
einzuführen. In diesem Fall muss der Entscheidungsträger die Bestellungen freigeben bzw. erhält nach einer Bestellung ebenfalls eine Be-
stätigungsmail.

Outsourcing

Im Rahmen der Firmenstrategie überlegen immer mehr Firmen, Teilbereiche des Unternehmens, die nicht zur Kernkompetenz gehören,
auszulagern. Schließlich kann jede Firma nur (in Abhängigkeit von der
Unternehmensgröße) in einer beschränkten Anzahl von Leistungen in
hohem Maße kompetent und kostengünstig sein. Vorausgesetzt, es gibt
einen oder mehrere geeignete Anbieter am Markt, kann Outsourcing
somit einem Unternehmen helfen, sich auf die eigenen Stärken zu konzentrieren und die ungeliebten Randbereiche in kompetente Hände zu
vergeben. Welche Optimierungsziele können Sie mit Outsourcing realisieren, welche Vorteile sind damit verbunden und auf welche Risiken
müssen Sie bei Outsourcing achten?

Ziele

➤ **Das Kostenziel:** Ein externer Dienstleister kann durch Spezialisie-
rungsvorteile Kostendegressionseffekte erzielen, was zu einem unter
den eigenen Produktionskosten liegenden Einstandspreis führt. Zudem werden die Kosten transparenter, und die Prozesskosten können gesenkt werden.

➤ **Das Leistungsziel:** Die Zuverlässigkeit des Lieferanten muss mindestens der eigenen entsprechen, sollte in der Regel aber sogar besser
sein. Ein guter Outsourcing-Partner bietet eine verbesserte Leistung
und entwickelt die Prozesse des Kunden durch das eigene Know-
how weiter. Das Risiko logistischer Störungen muss dabei weitest-
gehend ausgeschlossen sein.

➤ **Das Flexibilitätsziel:** Im Gegensatz zu eigenen Mitarbeitern bietet eine Outsourcing-Lösung die Möglichkeit, eine kurzfristige Einstellung auf temporäre Geschäftsschwankungen vorzunehmen. Speziell bei wachsenden Unternehmen bietet sie eine Planungssicherheit durch die Möglichkeit der Skalierung.

Vorteile

➤ **Zeit:** Durch das Verlagern auf einen externen Spezialisten werden die Mitarbeiter zeitlich entlastet. Dadurch besteht mehr Kapazität für die eigenen Kernkompetenzen.

➤ **Qualität:** Ein Outsourcing-Partner ist in der Regel auf die angebotene Leistung spezialisiert. Das bedeutet, er hat ein deutlich größeres Know-how (auch was Innovationen angeht), mehr Erfahrung und besser eingespielte Prozesse als das eigene Unternehmen. Das sorgt für Effektivität und Qualität.

➤ **Flexibilität:** Im Gegensatz zu den eigenen Mitarbeitern ist ein Outsourcing-Partner relativ flexibel. Entsprechend dem eigenen Bedarf kann er kurzfristig seine Leistung nach oben oder unten anpassen (z. B. bei saisonalen Schwankungen). Zudem ist die Leistung auch bei Wachstum skalierbar und kalkulierbar.

➤ **Kosten:** Ein Spezialist arbeitet effizient und kostengünstig. Durch die Masse an Kunden kann der Outsourcing-Partner zudem häufig Einkaufsvorteile erzielen. Diese Vorteile werden zumindest teilweise an das outsourcende Unternehmen weitergegeben.

➤ **Risikoübernahme:** Im Gegensatz zu den eigenen Mitarbeitern haftet ein Outsourcing-Dienstleister für Fehler, die er macht. Für das eigene Unternehmen bedeutet Outsourcing also auch (zumindest teilweise) das Abwälzen des Geschäftsrisikos.

Risiken

➤ **Das Know-how-Verlustproblem:** Das bisher entwickelte Problemlösungspotenzial in dem zum Outsourcing anstehenden Bereich steht nicht mehr unmittelbar zur Verfügung.

➤ **Das Steuerungsproblem:** Aufgrund der Anordnungsmacht sind Prozesse im eigenen Unternehmen besser steuerbar. Abstimmungsprozesse mit dem Dienstleister müssen hingegen erst eingespielt werden.

➤ **Das Kontrollproblem:** Die Anzahl der Schnittstellen wächst. Die bisher mögliche Tür-zu-Tür-Abstimmung entfällt.

➤ **Das Synergieproblem:** Es ist nicht immer einfach, eine Leistung, die man outsourct, eindeutig und sinnvoll von anderen im Unternehmen verbleibenden Leistungen abzugrenzen.

3. Optimierung von Konditionen

In diesem Kapitel erfahren Sie, an welchen Stellschrauben Sie drehen können, um Ihr persönliches „Konditionspaket" zusammenzustellen.

Mengenrabatt

Vereinbaren Sie einen zukünftigen Mengenrabatt, wenn Sie innerhalb eines festgelegten Zeitraums, z. B. eines Jahres, bestimmte Bestellmengen überschreiten. Sollten Sie in der Vergangenheit schon mehr bestellt haben als vereinbart, dann rechnen Sie die Mengenrabatte in die neuen Konditionen ein. Sollten Sie schon seit mehreren Jahren Stammkunde sein, dann verlangen Sie einen kumulierten Rabatt.

Rahmenkonditionen

Interessant ist es, wenn man günstige Rahmenkonditionen eines Verbandes nutzen kann. Achten Sie aber bitte darauf, dass günstige Rahmenkonditionen nicht unbedingt auch günstige Einkaufskosten bedeuten müssen. Wir haben immer wieder festgestellt, dass wir trotz guter Rahmenkonditionen des Kunden die Einkaufskosten noch deutlich reduzieren konnten.

Es gibt noch eine andere Klippe. Vor kurzem haben wir Einkaufskonditionen eines Kunden überprüft und uns gewundert, dass sich seine Konditionen in Einkaufssegmenten verschlechtert haben, in denen Preissenkungen an der Tagesordnung sind. Als wir die Situation näher untersuchten, stellte sich heraus, dass der Kunde einen Rahmenvertrag eines Verbandes genutzt hatte, der im Laufe der Zeit „heruntergestuft" wurde. Wie kann das passieren? Meist muss ein Verband eine Vorschau abgeben, wie viele Verträge in einem Jahr über die Mitglieder abgeschlossen werden. Wenn diese Planzahlen nicht erreicht werden, kann eine Herabstufung erfolgen.

Verwenden Sie deshalb Rahmenverträge von Partnern und Einkaufsgemeinschaften, die seit Jahren kontinuierlich wachsende Mitgliedszahlen vorweisen können. Zum einen sind damit langfristige Herabstufungen unwahrscheinlich, und zum anderen erhalten diese Verbände meist deutlich bessere Konditionen als Verbände, die sich erst noch „beweisen müssen".

Festpreisvereinbarungen

Gerade bei Dienstleistungen kann es vorkommen, dass die Kosten deutlich höher sind als ursprünglich im Kostenvoranschlag kalkuliert, weil die Kosten nach Aufwand besprochen wurden. Vereinbaren Sie deshalb Festpreise, wenn der Risikoaufschlag vertretbar ist. Wenn dies nicht möglich oder wirtschaftlich nicht sinnvoll ist, vereinbaren Sie intern und extern Kostenbegrenzungsmaßnahmen und sprechen Sie zumindest über eine Kostendeckelung.

Zahlungsbedingungen

In den meisten Fällen geben die Lieferanten zwei Prozent Skonto, wenn die Kunden innerhalb von acht bis zehn Tagen bezahlen. Doch auch diese Konditionen können verhandelt werden, indem Sie den Prozentsatz erhöhen oder die Zahlungsfrist verlängern.

Prüfen Sie genau, ob Sie die Bedingungen auch erfüllen können. In einigen Unternehmen beträgt der Rechnungslauf intern 14 Tage oder mehr. Achten Sie beispielsweise darauf, dass die Rechnungen direkt dem Entscheidungsträger zugeschickt werden, um die Zahlungsfrist einhalten zu können.

Liefer- und Versandkosten

Sie haben häufig die Möglichkeit, Lieferung frei Haus ohne Mindestbestellmenge zu vereinbaren. Das macht Sinn, wenn dezentral im Unternehmen bestellt wird, um die Prozesskosten möglichst niedrig zu halten. Bei der dezentralen Bestellorganisation sollten Sie allerdings sicherstellen, dass der Finanzcontroller eine Bestellbestätigung in Kopie erhält, um zeitnah einen Überblick zu haben und bei Bedarf eingreifen zu können.

Lieferzeiten

Wenn es sich um zeitkritische Lieferungen handelt, sollten feste Termine (für Bestellung und Lieferung) vereinbart werden, um das Lieferrisiko auf den Lieferanten abzuwälzen. Gerade, wenn die Lieferung an Dritte geht, wird dadurch auch der Aufwand für die Verpackung auf den Lieferanten verlagert.

Lagerhaltung

Bei manchen Produkten macht es Sinn, größere Loseinheiten zu bestellen, die Produkte dann aber beim Händler zu lagern. Das ist besonders dann interessant, wenn man selber kein großes Lager hat oder es sich um lagersensible Produkte handelt. Papier muss z. B. bei der richtigen Temperatur und Luftfeuchtigkeit gelagert werden, um die Konsistenz nicht zu verschlechtern.

Laufzeitbindung/Kündigungsfristen

Viele Anbieter wollen ihre Kunden langfristig an sich binden, um sich Umsätze auf Dauer zu sichern. Je nach Entwicklung des Wettbewerbs und der Preise sollten Sie im Einzelfall entscheiden, welche Vertragsbindungsfrist am günstigsten ist.

Kontinuierliche Angebotsvergleiche

Selbst wenn Sie vertraglich noch an einen Lieferanten gebunden sind, sollten Sie regelmäßig Angebotsvergleiche vornehmen. Wenn andere Lieferanten günstigere Konditionen anbieten, konfrontieren Sie Ihren jetzigen und potenziell zukünftigen Lieferanten mit der Situation. Es gibt die Chance, dass der bisherige Lieferant nachträglich Preisnachlässe gewährt oder ab sofort einen neuen Vertrag mit besseren Konditionen anbietet. Auf der anderen Seite kann der potenziell neue Lieferant bereit sein, eine „Ablösesumme" zu zahlen, um sofort in eine Lieferantenbeziehung einzusteigen.

Neben den Einkaufskonditionen sollten Sie aber immer überprüfen, ob Sie zusätzlich durch andere Maßnahmen Ihre Einkaufskosten reduzieren können. Nutzen Sie noch die richtigen Tarife oder sollten Sie wegen eines veränderten Nutzungsverhaltens Ihrer Mitarbeiter oder wegen neuer Tarife des Anbieters einen Wechsel vornehmen? Eventuell gibt es Lizenzen oder Verträge, die Sie nicht mehr nutzen und außerordentlich kündigen oder an einen Dritten übertragen können.

Nachträgliche Preiserhöhungen abwehren

Wenn es eine kurzfristige Kündigungsfrist beim Lieferantenvertrag gibt oder der Vertrag gerade ausläuft, kann es passieren, dass der Lieferant eine Preiserhöhung durchsetzen will. In dieser Situation sollten Sie zuerst prüfen, ob es einen anderen vergleichbaren Lieferanten gibt, der bessere Preise anbietet. Wenn dies nicht der Fall ist, sollten Sie gerade bei langfristigen Lieferbeziehungen auf eine faire, moderate Preiserhöhung hinarbeiten.

Selbst wenn der Lieferant keine Preiserhöhung einfordert, können auch gleich bleibende Konditionen nicht zufrieden stellend sein, wenn die Marktpreise gesunken sind. Beachten Sie deshalb immer die relative Preisentwicklung.

Achten Sie grundsätzlich darauf, dass Sie von einem Lieferanten nicht zu sehr abhängig werden. Es kann immer einmal ein Lieferant ausfallen, und dann sollten Sie nicht in Schwierigkeiten geraten. Um dies zu vermeiden, ist es wichtig, regelmäßig die wirtschaftliche Situation Ihres Lieferanten zu überprüfen.

4. Fuhrpark – Mehr als nur Fahrzeugbeschaffung

Markt und Marktentwicklung

Der Wettbewerb in der Automobilbranche wird immer härter. Selbst Anbieter, die früher kaum bereit waren, über Rabatte zu sprechen, sind jetzt offen für Preisverhandlungen.

Einzelne Autohändler vor Ort werden immer mehr zu Vollanbietern rund um das Thema Mobilität und Auto. Es reicht schon lange nicht mehr, nur Autos zu verkaufen und zu reparieren. Vielmehr muss der Autohändler auch für die passende Finanzierung sorgen, um heute neue Autos verkaufen zu können. Dazu verlangt der Gewerbekunde ein umfassendes Serviceangebot des Händlers, um bei jedem Problem eine adäquate Lösung zu bekommen.

Anspruchsvolle Gewerbekunden wollen in Zukunft einen Ansprechpartner von Kauf, Reparatur, Miete bis zum Verkauf des Fahrzeuges haben, der alle Probleme lösen kann. Entweder richten sich die Autohändler vor Ort darauf ein oder sie verlieren in Zukunft immer mehr Kunden an unabhängige oder konzernnahe Fuhrparkdienstleister.

Auch Fuhrparkmanager und Full-Leasing-Anbieter setzen den Service-Maßstab heute sehr hoch. Selbst das gesamte Rechnungswesen und die Schadensabwicklung werden von diesen Dienstleistern übernommen.

Viele Autohändler werden die oben genannten Ansprüche sowie den hohen Kapitalbedarf nicht mehr aus eigener Kraft stemmen können. Deshalb übernehmen viele Autokonzerne ihre Autohändler vor Ort, um damit weiterhin flächendeckend vertreten zu sein und um die Geschäftspolitik besser und zentraler steuern zu können.

Ersparnispotenzial

In einem so engen Markt wie der Automobilbranche, sollte man meinen, dass es kein großes Optimierungspotenzial mehr gibt, sobald man mit seinem Leasinggeber oder Autohändler ordentlich verhandelt hat.

Nicht berücksichtigt sind dabei aber die Potenziale im Prozesskostenbereich und in der Fuhrparknutzung. Dass hier noch oft zwanzig oder dreißig Prozent gespart werden können, belegen die folgenden Beispiele aus unserer Praxis:

Beispiel 1

Aufgabenstellung: Der bisher für den Fuhrpark zuständige Mitarbeiter hatte das Unternehmen verlassen. Ein adäquater Ersatzmann konnte nicht gefunden werden, weshalb eine neue Lösung für das Fuhrpark-Management gesucht wurde. Der Kunde wollte allerdings die „Hoheitsgewalt" über seine Fahrzeuge nicht verlieren und deshalb den Fuhrpark nicht komplett an einen externen Partner auslagern.

Lösungsansatz & Ergebnis: Unsere Lösung bestand darin, zuerst einen neuen Verantwortlichen im Unternehmen zu suchen, der in Zukunft als Schnittstelle für einen externen Partner fungieren sollte. Es fand sich dafür ein Mitarbeiter aus der Verwaltung, dem wir einen mittelständischen, unabhängigen Fuhrparkmanager zur Seite gestellt haben. Durch diese Schnittstellenlösung konnten die Kosten im Vergleich zum Gehalt des ehemaligen Mitarbeiters um mehr als zwei Drittel gesenkt werden.

Beispiel 2

Aufgabenstellung: Die Fuhrparknebenkosten eines Mittelstandsbetriebes waren im Branchen- und Unternehmensgrößenvergleich überdurchschnittlich hoch. Die Aufgabe bestand darin, die größten Kostenverursacher zu identifizieren und anschließend eine dauerhafte Lösung dafür zu generieren.

Lösungsansatz & Ergebnis: Sehr schnell konnten wir herausfinden, warum solche hohen Fuhrparkkosten entstanden waren. Es gab eine sehr inhomogene Fuhrparkflotte, sehr viele Poolfahrzeuge und einige ältere Fahrzeuge, die hohe Reparatur- und Benzinkosten verursachten. Deshalb haben wir in Zusammenarbeit mit einem Full-Service-Leasinganbieter den Fuhrpark vereinheitlicht (Fahrzeugmodelle und -marken) und modernisiert. Zudem haben wir die Zahl der Poolfahrzeuge deutlich verringert und für jedes Fahrzeug einen verantwortlichen Mitarbeiter definiert. Im Zusammenhang damit haben wir Prämien in Aussicht gestellt, wenn die Kosten des Fahrzeugs im Verhältnis zu Alter und Kilometerlaufleistung unterdurchschnittlich niedrig ausfielen. Weiterhin erhielten die Fahrer ein Training für Benzin sparendes Fahren. Die Nebenkosten des Fuhrparks sanken um mehr als 50 Prozent.

Beispiel 3

Aufgabenstellung: Ein Mittelstandskunde hatte für seine Größe zu viele Lieferanten (Autohändler) und einen überdurchschnittlich hohen Bestand an ungenutzten Fahrzeugen auf dem Hof stehen.

Lösungsansatz & Ergebnis: Wir machten bei den Autohändlern der Umgebung eine neue Ausschreibung und fragten ein Full-Service-Dienstleistungskonzept mit verschiedenen Kriterien an. Bei dieser Ausschreibung stand nicht der Einkaufsrabatt bei Neuwagen im Vordergrund, sondern das gesamte Leistungsspektrum und die daraus resultierende Ersparnis. Der Fuhrpark des Kunden wurde reduziert und dafür wurden bei Bedarf Fahrzeuge beim Autohändler angemietet. Dadurch konnten die direkten Fahrzeugkosten um 20 Prozent und die Verwaltungskosten im Fuhrparkbereich um mehr als 30 Prozent reduziert werden.

Insgesamt zeigen diese Beispiele, dass man durch das Drehen an wenigen Stellschrauben die Kosten deutlich reduzieren und gleichzeitig die Leistung klar verbessern kann. Investieren Sie lieber etwas Zeit, als mit zehn oder mehr Anbietern über Konditionen zu verhandeln, die in der Regel weitgehend festgezurrt sind.

Die wichtigsten Optimierungsansätze

Grundsätzlich haben Sie die Möglichkeit, Ihren eigenen Fuhrpark in Zusammenarbeit mit einem Autohaus selbst zu managen, einen Full-Service-Dienstleister zu beauftragen oder den Fuhrpark an einen externen Fuhrparkmanager zu vergeben. Im Folgenden werden zunächst die wichtigsten Ansätze aufgezeigt, wenn Sie selbst das Management übernehmen wollen. Im nächsten Teilkapitel werden dann die drei oben genannten Ansatzpunkte gegenüber gestellt und Sie bekommen dazu Entscheidungshilfen in Form von Checklisten.

Verwaltungskosten durch schlanke Strukturen senken

Ein großer Kostenblock, der im Fuhrparkmanagement meist deutlich unterschätzt wird, ist der administrative Aufwand für den Fuhrpark. Hier können Sie deutlich Kosten sparen, indem Sie möglichst wenig Lieferanten nutzen, mit denen Sie ein Vertragsverhältnis haben. Dadurch sinkt die Zahl der Ansprechpartner genauso wie die Zahl der Rechnungen und der Korrespondenz. Weniger ist hier mehr. Suchen Sie sich einen Partner, der Ihnen in diesem Bereich deutlich Kosten spart, indem er Ihre Verwaltungsarbeit übernimmt bzw. leichter macht.

Kraftstoffverbrauch reduzieren

Der Kraftstoffverbrauch eines Fahrzeuges ist wesentlich für die laufenden Kosten des Fuhrparks. Deshalb ist es wichtig, Fahrzeuge mit geringem Kraftstoffverbrauch anzuschaffen, wenn die Fahrleistung entsprechend groß ist. Insbesondere alte Fahrzeuge gehören zu den „Benzinschluckern" und sollten deshalb aus dem Fuhrpark verbannt werden.

Doch nicht nur das Fahrzeug, sondern auch der Fahrer ist Verursacher von niedrigen oder hohen Kraftstoffkosten. Um den Fahrer „fit" zu machen, sollten er und seine Kollegen an einem Fahrerkurs teilnehmen, in dem Benzin sparendes Fahren trainiert wird.

Einen servicestarken Anbieter auswählen

Suchen Sie sich einen Partner, der nicht nur in seinem Prospekt „Fuhrparkmanagement" und „Service" groß schreibt. Dienstleistungsorientierte Autohändler holen heute z. B. defekte Fahrzeuge vom Unternehmen ab und liefern sie repariert innerhalb kurzer Zeit wieder. In der Zwischenzeit oder bei Kapazitätsspitzen wird ein Mietwagen oder noch besser ein Vorführwagen zur Verfügung gestellt.

Umsetzung im Detail

Wie bereits erwähnt gibt es neben dem eigenen Management des Fuhrparks auch die Möglichkeit, einen Full-Service-Anbieter zu beauftragen oder einen externen Fuhrparkmanager zu beschäftigen. Im Folgenden lesen Sie, welche Vor- und Nachteile die jeweiligen Ansätze bringen und wie Sie die für sich beste Variante finden.

Eigenes Management des Fuhrparks

Viele Mittelstandsunternehmen behalten das Management des Fuhrparks gerne im eigenen Haus. Als Argument dafür werden häufig die kurzen Abstimmungswege genannt. Um diese Lösung auch optimal intern umsetzen zu können, muss der verantwortliche Mitarbeiter für den Bereich zumindest die folgenden Aufgaben erfüllen:

➤ Er muss die Dienstwagenordnung im Überblick haben und deren Einhaltung prüfen.

➤ Er ist interner Ansprechpartner für die Mitarbeiter des Unternehmens, die einen Dienstwagen nutzen.

➤ Nach außen ist es seine Aufgabe, einen passenden Anbieter (Leasinggeber oder Autohaus) auszuwählen und Leistungen (Finanzierung, Servicepaket usw.) und Konditionen zu verhandeln.

➤ Zudem ist er für ein regelmäßiges Benchmarking zuständig.

Externer Fuhrparkmanager

Der externe Fuhrparkmanager übernimmt die Funktion eines Fuhrparkmitarbeiters im Hause und ersetzt diese Position damit weitgehend. Er kommt auch ins Unternehmen und bietet damit einen Vor-Ort-Service. Ein Vorteil ist sicher, dass ein externer Dienstleister leichter dazu in der Lage ist, die Regeln der Geschäftsleitung gegenüber den Mitarbeitern durchzusetzen. Allerdings benötigt der externe Fuhrparkmanager einen Ansprechpartner als Schnittstelle im Unternehmen. Die folgenden Fragen helfen Ihnen herauszufinden, ob ein externer Fuhrparkmanager eine gute Lösung für Ihre Firma ist:

➤ Ist ein externer Fuhrparkmanager günstiger als der Mitarbeiter im eigenen Unternehmen?

➤ Kann er aufgrund seiner Erfahrung interne und externe Kosten des Unternehmens reduzieren?

➤ Wie groß ist die Schnittstellenproblematik zwischen externem Fuhrparkmanager und Unternehmen?

Full-Service-Anbieter

Ein Full-Service-Anbieter zeichnet sich dadurch aus, dass er grundsätzlich alle externalisierbaren Aufgaben des Fuhrparkmanagements anbietet. Oft betätigt er sich dabei als Fuhrpark-Makler, der verschiedene Anbieter nutzt und selbst als Anbieter aus einer Hand für den Kunden auftritt. Gegenüber dem Full-Service-Leasing grenzt er sich durch Unabhängigkeit ab, nimmt allerdings dafür auch eine Service-Gebühr. Diese Gebühr kann sich durchaus lohnen, wenn der Partner z. B. eigene Größenvorteile nutzt, um seinen Kunden nicht nur besseren Service, sondern auch bessere Konditionen zu bieten, und damit seine Servicegebühr vorab einspart. Um zu entscheiden, ob ein solches Angebot für Ihre Firma sinnvoll ist, sollten Sie sich die folgenden Fragen stellen:

➤ Welche Serviceleistungen bietet mir ein externer Full-Service-Anbieter, die nicht im Haus abgebildet werden können?

➤ Bekomme ich Auswertungen und Tools an die Hand, die meine Buchhaltung und internen Mitarbeiter deutlich entlasten?

➤ Bietet ein Full-Service-Diestleister Vorzugskonditionen, die er aufgrund seiner Verhandlungsmacht erreicht?

➤ Behalte ich trotz der Auslagerung ein hohes Maß an Flexibilität?

Das A – Z des Fuhrparkmanagements

Dienstwagenordnung: Sie legt fest, welche Mitarbeiter im Unternehmen einen Anspruch auf einen Dienstwagen haben, welche Fahrzeuge es sein dürfen und welche Ausstattung gewährt wird.

Full-Service-Leasing: Wenn Sie nicht nur Ihr Fahrzeug finanzieren wollen, sondern auch alle direkten Nebenkosten (z. B. Winterreifen, Inspektion, Verschleißreparaturen) durch einen Anbieter abgedeckt werden sollen, kann ein so genanntes Full-Service-Leasing Sinn machen. Dadurch sinkt auch der administrative Aufwand deutlich.

Langfristmiete: Viele Mietwagenfirmen bieten heute die Möglichkeit der Langfristmiete, das heißt, einen Wagen für vier Wochen oder länger auszuleihen. Die Preise liegen zwar etwas über der vergleichbaren Full-Service-Leasingrate, dafür besteht aber keine längere Vertragsbindung.

Lösungen für kleine Budgets

Unternehmen mit kleinem Budget haben in der Regel keinen großen Fuhrpark und damit nur geringere Verhandlungsmacht gegenüber Autohändlern und Leasinggesellschaften, da sie weniger potenzielles Geschäft bringen. Trotzdem müssen Sie nicht auf gute Rahmenkonditionen verzichten, sondern können die folgenden Möglichkeiten nutzen:

➤ Günstige Rahmenverträge von Verbänden: Es gibt zahlreiche Berufsverbände, die mit regionalen Autohäusern sehr gute Rahmenkonditionen ausgehandelt haben. Prüfen Sie, ob Ihr Unternehmen oder Ihre Mitarbeiter diese Konditionen nutzen können.

➤ Leasingrückläufer: Leasingrückläufer sind häufig zu sehr guten Konditionen zu bekommen. Sie können entweder günstig erworben werden oder es kann eine niedrigere Leasinganschlussrate vereinbart werden.

Tipps im Überblick

Tipp 1: Verantwortung zuweisen

Wenn Sie innerhalb eines Fuhrparks, der etwa gleich alt ist, ein Fahrzeug mit überdurchschnittlich hohen Reparaturkosten haben, dann handelt es sich fast immer um ein Poolfahrzeug, das von vielen verschiedenen Fahrern benutzt wird. Lernen Sie daraus und ordnen Sie jedes Fahrzeug einem Mitarbeiter zu, der dafür verantwortlich ist.

Tipp 2: Homogenen Fuhrpark pflegen

Achten Sie schon allein im Interesse Ihrer Verwaltungskosten darauf, dass Sie einen möglichst homogenen Fuhrpark haben. Dann können auch die Kollegen mit Tipps und Tricks aushelfen, wenn man ein Problem mit einem Fahrzeug hat.

Tipp 3: Prozesskosten durch Tankkarten senken

Die Buchhaltung wird es Ihnen danken, wenn Sie die Prozesskosten im Fuhrparkbereich senken, indem Sie z. B. Tankkarten einführen. Dadurch sinken zwar die Benzinkosten nicht merklich, aber Sie erhalten schnell die Übersicht über den Kraftstoffverbrauch und haben nur wenige Rechnungen zu verbuchen.

Tipp 4: Mitarbeitertraining zum Benzinsparen

Es gibt meist keine nachhaltigere Maßnahme, als durch benzinschonendes Fahren die Kraftstoffkosten langfristig zu reduzieren. Damit aber das Gelernte auch eingesetzt wird, helfen Incentives und interne Wettbewerbe.

Tipp 5: Langzeitmiete statt hohem Leerstand

Um zu vermeiden, dass Fahrzeuge ungenutzt auf dem Firmenhof herumstehen, sollte man im Vorfeld prüfen, wer ein Fahrzeug bekommt. Entweder vereinbart man mit Mitarbeitern in der Probezeit, dass sie während der Probezeit das private Fahrzeug nutzen, oder man mietet im Rahmen der Langfristmiete ein Fahrzeug an. Mittlerweile gibt es auch von einzelnen Autoherstellern schon Angebote für Kurzzeitleasing. Flexibilität ist hier Trumpf.

Tipp 6: Fahrzeugkosten externalisieren

In einigen Fällen kann es sinnvoll sein, dass die Mitarbeiter ihre privaten Fahrzeuge nutzen und im Rahmen einer Reisekostenabrechnung geltend machen. Das gilt z. B. dann, wenn das Fahrzeug nur selten genutzt wird.

5. Travelmanagement – Für die Firma unterwegs

Markt und Marktentwicklung

Gerade für den Mittelstand ist die Häufigkeit und Notwendigkeit von Geschäftsreisen in den letzten Jahren deutlich angestiegen. Besonders Reisen ins Ausland haben stark zugenommen. So zeichnen sich laut einer Untersuchung des Verbandes für deutsches Reisemanagement (VdR) bei Geschäftsreisen im Mittelstand zwei klare Tendenzen ab:

➤ Der Mittelstand reist heute deutlich internationaler.

➤ Er verschenkt durch fehlendes Reisemanagement bares Geld.

Einen Beleg für den zweiten Punkt liefert ein Blick auf die durchschnittlichen Kosten. So kostet eine Geschäftsreise im Gesamtdurchschnitt 347 Euro, während Unternehmen mit weniger als 500 Mitarbeitern durchschnittlich 496 Euro ausgeben – knapp 43 Prozent mehr! Die Gründe, warum der Mittelstand sein Sparpotenzial nicht nutzt, sind vielfältig, im Wesentlichen reduzieren sie sich aber auf folgende Punkte:

➤ Fehlende Fachkenntnis zur Reduzierung von Kosten und Prozesskosten.

➤ Den Mangel an Einkaufsmacht im Vergleich zu den Großunternehmen.

➤ Nicht genügend Zeit, sich selbst gründlich in das Thema einzuarbeiten.

Wie durch wenige Maßnahmen ein Großteil dieser Probleme behoben werden kann, erfahren Sie auf den folgenden Seiten.

Ersparnispotenzial

Auch wenn der mittelständische Kunde nicht alle Potenziale des Großunternehmens ausnutzen kann, so zeigen unsere Erfahrungswerte doch, dass sich innerhalb weniger Monate mit der Optimierung der

Geschäftsreisen eine Ersparnis von 25 bis 30 Prozent erzielen lässt. Dazu zwei einfache Einzel-Beispiele aus der Praxis:

Beispiel 1

Aufgabenstellung: Ein Mitarbeiter eines mittelständischen Produktionsunternehmens musste kurzfristig nach Rom fliegen. Nachdem die Sekretärin des Unternehmens als günstigsten Flug im Internet eine Verbindung für knapp 1 200 Euro ermittelt hatte, wurden wir gebeten, uns um eine günstigere Lösung zu bemühen.

Lösungsansatz & Ergebnis: In Zusammenarbeit mit einem Travelmanager und unter Nutzung professioneller Datenbanken konnten wir dem Kunden einen vergleichbaren Flug für rund 400 Euro beschaffen – eine Ersparnis von über 65 Prozent.

Beispiel 2

Aufgabenstellung: Ein Software-Beratungsunternehmen fragte bei uns nach, ob es eine günstigere Alternative zu seinem pauschal vereinbarten Hotelrahmenvertrag gäbe, die ein Mitarbeiter für eine kurzfristig anberaumte Dienstreise nach München nutzen könnte.

Lösungsansatz & Ergebnis: Auch hier konnten wir in Zusammenarbeit mit einem Travelmanager die Kosten deutlich senken. Im gleichen Vier-Sterne-Hotel, mit dem der Kunde seinen Rahmenvertrag hatte, konnten wir das gewünschte Zimmer um 20 Euro günstiger beschaffen.

Grundsätzlich sind pauschal vereinbarte Rahmenverträge nicht immer günstig, da das Hotel z. B. auch Messezeiten mit einrechnen muss. Die kurzfristige Hotel-Buchung über einen erfahrenen Travelmanager, der zudem auf Gruppen-Rahmenverträge zurückgreifen kann, ist meistens preislich interessanter.

Die wichtigsten Optimierungsansätze

Die drei wichtigsten Maßnahmen zur Optimierung der Geschäftsreise-Kosten bestehen in der Nutzung von professionellem Know-how, professionellen Datenbanken und einer deutlichen Reduzierung der Prozesskosten.

Vorsicht vor dem Kleingedruckten

Bei der Vielzahl an Fluglinien, Hotels und Autovermietern ist es für den Laien heute kaum noch möglich, mit einem vertretbaren Zeitaufwand das Angebot mit dem besten Preis-Leistungs-Verhältnis ausfindig zu machen. Viel schwerer wiegen aber noch die Bedingungswerke der einzelnen Anbieter, die ein echtes Waterloo heraufbeschwören können:

➤ Bei Flugreisen sind sie durchschnittlich sechs bis acht Seiten lang, klein gedruckt und häufig in englischer Sprache verfasst – der unternehmensinterne Mitarbeiter liest sie nicht.

➤ Sie haben einen eigenen Code – wer ihn nicht kennt, versteht die Abkürzungen nicht.

➤ Bedingungswerke unterscheiden billige (nur der Preis stimmt) von günstigen (Preis und Leistung stimmen) Angeboten, denn der Preis ist nur bei identischen Bedingungen vergleichbar.

Lassen Sie daher zumindest diesen Teil der Arbeit von einem externen Profi machen. Auch wenn das ein paar Euro kostet, kann es Sie vor hohen Schäden bewahren und von der Haftung dafür freistellen. Welcher externe Partner der für Sie passende sein könnte, erfahren Sie später in diesem Kapitel.

Nutzen Sie professionelle Datenbanken

In Zeiten von HRS, Hotel.de und vielen weiteren Internet-Portalen zum Vergleich und zur Buchung von Hotels und Flügen glauben viele Geschäftskunden, dass sie über das Internet die günstigsten Angebote bekommen. Die Realität sieht anders aus: Viele Datenbanken mit den interessantesten Tarifen sind nicht im Internet verfügbar. Sie werden stattdessen als kostenpflichtige Lösungen an Travel-Spezialisten vermarktet. Neben den besseren Rahmenkonditionen und Bedingungswerken können darüber auch die verschiedensten Reiseparameter geprüft werden und z. B. Flüge für mindestens 24 Stunden reserviert werden. Es ist zwar nicht ausgeschlossen, dass Sie über ein Internetangebot eine der günstigsten Lösungen bekommen, die Regel ist es aber nicht. Arbeiten Sie daher lieber mit einem Spezialisten zusammen.

Senken Sie Ihre internen Prozesskosten

Viele Unternehmen neigen dazu, ihre Prozesskosten außer Acht zu lassen und die Arbeitszeit der eigenen Mitarbeiter nicht in ihre Kalkulationen einzubeziehen. Lässt man aber die eigene Sekretärin die Reiseorganisation vornehmen, sollte man nicht vergessen, dass die Dame nicht unentgeltlich arbeitet:

> Mit Recherche, Buchung, Umbuchung, Rücksprache mit dem Reisenden usw. gehen pro Geschäftsreise durchschnittlich zwei Stunden ins Land.

> Komplexe Buchungen bieten nicht nur ein größeres Fehlerpotenzial, sondern sprengen durch Einarbeitung und Recherche schnell diesen Zeitrahmen.

> Zusätzlich wird durch mehrere Einzelbelege (Flug, Hotel, Taxi etc.) zusätzlicher Zeitaufwand in der Buchhaltung produziert – durchschnittlich 30 Minuten pro Geschäftsreise.

Prüfen Sie daher, welche Arbeitsschritte Sie im Haus vornehmen wollen und welche Sie günstiger und effektiver außer Haus erledigen lassen können.

In Anbetracht der nicht unerheblichen Fallstricke, Risiken und versteckten Kosten im Travelmanagement liegt die Konsequenz nahe, zumindest für Teilbereiche einen externen Partner zu beauftragen. Aber auch hier gibt es große Unterschiede in der Qualität. Nicht die Gebühren sind Ausschlag gebend, sondern die Ergebnisse. Im folgenden Abschnitt stellen wir die verschiedenen Ansätze gegenüber.

Umsetzung im Detail

In mittelständischen Unternehmen findet man oft Teillösungen in der Zusammenarbeit mit einem externen Partner. Was schnell und einfach geht (oder zumindest so scheint), wird selbst gemacht, komplexere Themen werden nach außen gegeben.

Sieht man von einem kompletten Outsourcing an einen professionellen Travelmanager ab (diese Lösung lohnt sich in der Regel nur für große Volumina), bleibt häufig die Zusammenarbeit mit einem Reisebüro. Bei den Reisebüros lassen sich drei Typen unterscheiden:

➤ Das kleine Touristik-Reisebüro, das die Geschäftskunden nebenbei bedient.

➤ Das mittelständische Reisebüro, das sich auf Geschäftskunden spezialisiert hat.

➤ Der große Business-Travel-Spezialist.

Betrachten wir die Vor- und Nachteile der drei Typen genauer.

Der greifbare Partner

Viele kleine und mittlere Unternehmen arbeiten gerne mit dem Reisebüro vor Ort zusammen. Die Argumente hierfür sind häufig die folgenden:

➤ Der Partner ist greifbar und man kennt sich.

➤ Man kann ihn nach Belieben einsetzen oder auch selbst im Internet buchen.

➤ Wenn mal etwas schief gegangen ist, kann man sich auf ihn herausreden.

Diese Vorteile sind sicher nicht zu verachten und für kleinere Unternehmen auch nicht immer die schlechteste Lösung. Allerdings sollte man auch die folgenden Nachteile nicht außer Acht lassen:

➤ Es ist zwar ein grundsätzliches Marktverständnis vorhanden, den speziellen Anforderungen, die ein echter Business-Kunde hat, wird aber kaum Rechnung getragen.

➤ Bei komplexeren Buchungen fehlt häufig das Know-how, um die wirklich interessanten Lösungen zu finden, was im Endeffekt das Unternehmen Geld kostet.

➤ Ein kleines Reisebüro kann sich in der Regel die speziell für Geschäftsreisen ausgebildeten Mitarbeiter nicht leisten und nutzt auch viele kostenpflichtige Datenbanken nicht.

Der Anbieter auf Augenhöhe

Deutlich besser zum Mittelstand passt in aller Regel ein mittelständischer Partner – ein Anbieter auf Augenhöhe. Die Vorteile sind schnell erklärt:

➤ Er ist auf Geschäftskunden spezialisiert und hat auch bei komplexeren Reisen genügend Erfahrung.

➤ Um seinen Qualitätsstandard zu wahren, leistet er sich auch Mitarbeiter mit spezieller Geschäftsreisen-Ausbildung, die wirklich Geld für den Kunden sparen.

➤ Er ist bereit, im Gegensatz zu großen Travelspezialisten, individuell auf die Wünsche und Gegebenheiten seiner Kunden einzugehen.

Die Kehrseite der Medaille: Diese Spezialisten haben höhere Kosten als ein kleines Reisebüro und müssen diese Kosten in Zeiten der ausbleibenden Airline-Provisionen auf den Kunden umlegen. Sie sind also im Normalfall etwas teurer in der Buchungsgebühr als das kleine Reisebüro.

Standardisierung ist Trumpf

Die großen und bekannten Geschäftsreisespezialisten bieten neben schicken Hochglanzprospekten auch einige Attribute, die dazu führen, dass sie von vielen etwas größeren Kunden als idealer Partner angesehen werden:

➤ Sie betreuen sehr viele Business-Kunden, wodurch ihnen Einkaufsmacht unterstellt wird.

➤ Sie haben ausgeklügelte Internetplattformen.

➤ Die Buchungsgebühren sind erstaunlich niedrig.

Aber auch hier ist nicht alles Gold, was glänzt. Im Gegenteil:

➤ Ein so großer Apparat funktioniert nur durch Standardisierung – individuelle Wünsche sind nahezu nicht machbar.

➤ Die standardisierte Abwicklung erfolgt über große Call-Center – einen persönlichen Ansprechpartner bekommen nur wirkliche Key-Account-Kunden.

➤ Die niedrigen Buchungsgebühren sind nur zu realisieren, indem strenge Zeitvorgaben für die Bearbeitungsdauer eingehalten werden.

Rein von der Kostenseite her betrachtet, wirkt sich die strenge Zeitvorgabe negativ für den Kunden aus. In dieser Zeit lassen sich einfach nicht alle Möglichkeiten checken und bewerten und so wird in der Regel gebucht, was gut, bekannt und meist auch teuer ist.

Ob Ihnen nun das kleine Reisebüro vor Ort am sympathischsten ist, Sie einen mittelständischen Partner bevorzugen oder es doch am liebsten mit den Etablierten halten – entscheidend bleibt der Kosten-Nutzen-Vergleich.

So ist die Buchungsgebühr, die ein Partner verlangt, immer nur in Relation zu der von ihm generierten Ersparnis relevant. Dazu ein Beispiel:

Beispiel 1

Reisebüro A berechnet bei Reisekosten von bisher 100 000 Euro Buchungsgebühren in Höhe von 6 000 Euro im Jahr. Gleichzeitig spart es aber 25 000 Euro Reisekosten ein.

Reisebüro B berechnet bei gleichen bisherigen Reisekosten nur 4 500 Euro Buchungsgebühren im Jahr. Es spart aber auch nur 20 000 Euro an Reisekosten ein. Damit ist das Reisebüro B zwar ein Viertel billiger, was die Buchungsgebühren angeht, unterm Strich generiert es aber nur einen Vorteil von 15 500 Euro im Vergleich zu 19 000 Euro von Reisebüro A.

Fazit: Wenn Sie Ihr Reisebüro nur nach der Höhe der Buchungsgebühren aussuchen, kostet Sie das mittelfristig eine Menge Geld.

Da man aber erst nach ein paar Monaten weiß, wie hoch die Ersparnis unterm Strich ist, muss man im Vorfeld Kriterien definieren, die man von einem externen Partner erwartet. Wir setzen normalerweise im Sinne unserer Kunden folgende Vorgaben für einen guten Partner an:

Checkliste

✓ Er muss in der Lage sein, Ihnen eine ganze Menge Stress und Prozessaufwendungen abzunehmen.

✓ Er kann plausibel aufzeigen, dass er ein Vielfaches seines Honorars an Ersparnissen generieren kann.

✓ Er ist groß genug, sich auf das Thema Geschäftsreisen zu spezialisieren und gut ausgebildete Mitarbeiter zu beschäftigen, nimmt sich aber trotzdem ausreichend Zeit, die optimalen Lösungen für Sie zu ermitteln.

Das A – Z des Travelmanagements

Corporate Card: Die Corporate Card ist eine spezielle Kreditkarte, die als Unterstützung für Ihr Geschäftsreise-Management eingesetzt wird. Durch die laufenden Reporte erhalten Sie individuelle Daten, die Ihnen einen schnellen Überblick über Ihre Reisekosten und das Reiseverhalten Ihrer Mitarbeiter verschaffen. Zusätzlich wird durch die übersichtlichen Abrechnungen die Buchhaltung entlastet.

Geodaten: Mit Hilfe von Geodaten können Sie im Vorfeld überprüfen, ob ein in Frage kommendes Hotel verkehrsgünstig zum Zielort liegt. Eine einfache und in der Basisversion kostenfreie Methode, um an Geodaten zu kommen, bietet Google Earth. Sie können das Programm unter „http://earth.google.de/download-earth.html" herunterladen.

Incentive-Reisen: Incentive-Reisen werden von Unternehmen als Belohnungen für gute Leistungen ihrer Mitarbeiter eingesetzt. Man findet diese Maßnahmen häufig als Anreiz für Vertriebsmitarbeiter oder als Maßnahme innerhalb eines Teambuilding-Prozesses.

Internet-Buchung: Heute bieten sich vielfältige Möglichkeiten, Hotels, Flüge und Bahnfahrten per Internet zu vergleichen und zu buchen. Bekannte Portale wie HRS oder Opodo eignen sich allerdings eher für den Privatkunden als für ein mittelständisches Unternehmen.

Low-Cost-Carrier: Bekannte Low-Cost-Carrier, wie Ryanair, erfreuen sich heute nicht nur beim Privatmann, sondern ab und zu auch beim Geschäftskunden wachsender Beliebtheit. Sie sparen vor allem an Serviceleistungen und können daher Flüge sehr günstig anbieten. Allerdings liegen die genutzten Flughäfen oft weit außerhalb der Zentren, wodurch ein zusätzlicher Aufwand an Zeit und Transportkosten berücksichtigt werden muss.

Serviceentgelte: Serviceentgelte sind Gebühren, die Ihnen Reisebüros für Buchungs- und Servicedienstleistungen berechnen. Bis vor ein paar Jahren waren diese Gebühren eher unüblich, aber seitdem die Fluggesellschaften keine Provisionen mehr an Reisebüros zahlen, sind die Entgelte Usus geworden.

Lösungen für kleine Budgets

Für kleinere Unternehmen mit geringem Reisevolumen lohnt sich in der Regel die Zusammenarbeit mit einem externen Travelmanager nicht, und für spezialisierte Reisebüros sind sie häufig zu unattraktiv. Das bedeutet aber nicht, dass nicht auch sie Reisekosten sparen können, wenn sie ein paar grundsätzliche Regeln befolgen. Hier die wichtigsten Tipps im Überblick:

➤ Planen und buchen Sie Ihre Reisen wenn irgend möglich frühzeitig. So kommen Sie noch an die Kontingente für günstige Tickets.

➤ Prüfen Sie, ob Sie die Rahmenkonditionen Ihres Geschäftskunden nutzen können, wenn Sie ihn besuchen. In diesen Fällen macht es eventuell Sinn, dass der Geschäftskunde die Reisekosten direkt übernimmt und nicht mit Ihnen abrechnet.

➤ Nehmen Sie die Leistungen eines Einkaufsmaklers in Anspruch, der Ihnen günstige Rahmenkonditionen bietet, oder prüfen Sie, ob Ihr Berufsverband spezielle Rahmenkonditionen zur Verfügung stellt, die Sie nutzen können.

Tipps im Überblick

Tipp 7: Planen Sie Ihre Geschäftsreisen frühzeitig

Viele Unternehmen buchen ihre Geschäftsreisen relativ kurzfristig. Das liegt häufig nicht an den Erfordernissen des Geschäfts, sondern an schlechter Vorausplanung. Da aber Airlines und Hotels gerne Planungssicherheit haben, loben sie häufig Kontingente an günstigen Tickets bzw. Zimmern aus. Wenn diese vergeben sind, gibt es eben nur noch die hochpreisigeren Varianten. Als Faustregel: Wer frühzeitig plant und sich mit seiner Buchung festlegt (vier bis sechs Wochen vorher), kann gegenüber den notorischen Spätbuchern bis zu 70 Prozent der Kosten sparen.

Tipp 8: Regeln Sie Befindlichkeiten mit einer einheitlichen Reiserichtlinie

Wenn man das Thema Geschäftsreisen betrachtet, muss man vor allem die involvierten Personen und deren (konträre) Interessen betrachten:

➤ Die buchende Sekretärin will möglichst wenig Aufwand und Ärger haben.

➤ Der Reisende will möglichst viel Komfort und kurze Reisezeiten.

➤ Die Geschäftsleitung will die preislich attraktivste Lösung.

Alle Interessen lassen sich nicht gemeinsam verwirklichen. Abhilfe kann eine Reiserichtlinie schaffen, welche die Spielregeln definiert.

Tipp 9: Motivieren Sie Ihre Mitarbeiter zur Mithilfe

Natürlich wollen die Reisenden gerne ein Höchstmaß an Komfort und Bequemlichkeit genießen, wenn sie für ihre Firma unterwegs sind. Allerdings darf diese Haltung nicht zur völligen Unflexibilität des Reisenden führen. Wenn ein Mitarbeiter z. B. nur mit einer bestimmten Fluglinie zu einer bestimmten Uhrzeit fliegen will und nur ein spezielles Hotel akzeptiert, sind die Ersparnismöglichkeiten eher gering. Nun kann man natürlich mit Druck die günstigen Flüge und Hotels von oben durchsetzen. Deutlich angenehmer – und besser für das Betriebsklima – ist es hingegen, wenn man die reisenden Mitarbeiter aktiv in die Optimierung einbezieht und sie am Erfolg partizipieren lässt.

Tipp 10: Werfen Sie Tickets in den Müll

Ein Ticket, auf das Sie sich festlegen und das keine Möglichkeit zur Umbuchung beinhaltet, kostet nur ungefähr ein Zehntel der flexiblen Variante. Im Klartext: Sie können bis zu neun Tickets wegwerfen und neubuchen, wenn Sie einen Flug nicht nutzen konnten, bevor sich ein umbuchbares Ticket lohnt.

Tipp 11: Nutzen Sie Geodaten für Ihre Reiseplanung

Mit Hilfe von Geodaten (z. B. über Google Earth) können Sie im Vorfeld Ihre Reise verkehrsgünstig planen und ein Hotel unter anderem nach seiner Nähe zum Bahnhof, Flughafen oder Zielort auswählen.

Tipp 12: Rechnen Sie bei Low-Cost-Carriern die Wege mit ein

Manchmal kann es durchaus günstiger sein, einen Flug eines Low-Cost-Carriers wie Ryanair zu buchen. Schauen Sie aber nicht nur auf den Ticketpreis, sondern rechnen Sie auch die zusätzlichen Wege mit ein, die Ihnen entstehen, weil Low-Cost-Carrier häufig Flughäfen weit außerhalb der Zentren nutzen.

Tipp 13: Entlasten Sie Ihre Buchhaltung

Entlasten Sie Ihre Buchhaltung durch die Nutzung einer Corporate Card. Durch Ihren Einsatz erhalten Sie nicht nur einen schnellen Überblick über Ihre Reisekosten und das Reiseverhalten Ihrer Mitarbeiter, sondern bekommen transparente Übersichtsrechnungen zu Ihren Buchungen.

Tipp 14: Geben Sie Ihren Vielnutzern eine Bahncard

Die Deutsche Bahn ist als Monopolist nicht sehr großzügig mit Geschäftskunden-Nachlässen. Selbst große Konzerne bekommen nur ein paar Prozent. Deutlich einfacher ist es, den Mitarbeitern, die häufig die Bahn zu Geschäftszwecken nutzen, eine Bahncard 50 zu geben und damit die Kosten zu halbieren.

Tipp 15: Nutzen Sie Bonusmeilen für die Firma

Rechtlich gesehen gehören Bonusmeilen von Geschäftsflügen dem Unternehmen. Diese Bonusmeilen können wiederum für die Firma eingesetzt werden. Zudem können Sie auf diese Weise sicher sein, dass Ihre Mitarbeiter nicht unnötig oft teure Lufthansa-Flüge buchen, um viele Bonusmeilen zu sammeln. Wenn Sie verantwortungsvolle Mitarbeiter beschäftigen, können die Bonusmeilen natürlich auch eine Belohnung darstellen. Sorgen Sie nur dafür, dass sie nicht selbstverständlich genommen werden.

Tipp 16: Prüfen Sie auch touristische Hotelangebote

Häufig bekommen Privatpersonen in Hotels deutlich günstigere Angebote als Geschäftsreisende. Lassen Sie sich daher von Ihrem Geschäftsreisebüro auch touristische Hotelangebote im gewünschten Hotel machen. Die Hotels drücken gerade bei schlechter Auslastung ein Auge zu, wenn es sich nicht zu offensichtlich um eine Geschäftsreise handelt (z. B. in Verbindung mit einer Tagung im gleichen Hotel).

6. Festnetz – Die Qual der Wahl

Markt und Marktentwicklung

Noch vor zehn Jahren gab es bis auf wenige Ausnahmen (z. B. Routing von Auslandsgesprächen) so gut wie kein Ersparnispotenzial im deutschen Festnetz. Die Deutsche Telekom war Monopolist und diktierte die (damals hohen) Preise. Die seit 1998 erfolgte Liberalisierung des Marktes brachte auf der einen Seite durch den starken Wettbewerb deutlich fallende Telefonkosten. Auf der anderen Seite zeigten sich viele technische Probleme und in der Folgezeit insolvente oder konsolidierte Anbieter, die verärgerte oder zumindest verunsicherte Kunden hinterließen.

Heute ist der Markt weitgehend bereinigt, und es gibt eine genügend große Anzahl von seriösen und soliden Wettbewerbern auf dem Markt, zwischen denen der Kunde wählen kann. Zusätzlich zu den bekannten Möglichkeiten des Call-by-Calls, der Preselection, des physikalischen Direktanschlusses oder der Anschlussübernahme hat sich inzwischen auch Voice over IP (VoIP) etabliert.

Somit hat der Kunde heute die „Qual der Wahl", sich die für ihn passende und dabei wirtschaftlich interessante Lösung auszusuchen und dann noch den passenden Anbieter dafür auszuwählen.

Ersparnispotenzial

Es gibt drei Szenarien, die es interessant erscheinen lassen, einen Anbieterwechsel zu prüfen:

➤ Sie telefonieren noch über einen „teuren" Anbieter und möchten nachhaltig Ihre Kosten reduzieren.

➤ Sie haben bereits einen alternativen Business-Anbieter, sind aber mit Qualität und Service nicht zufrieden.

➤ Sie haben bereits einen alternativen Business-Anbieter, haben aber den Eindruck, dass Ihr Bestandsanbieter nicht mehr wettbewerbsfähig ist.

Je nach bisherigem Anbieter, gewähltem Tarif und Alter des Vertrages sind sehr unterschiedliche Einsparpotenziale vorhanden. Dass sich die Überprüfung dennoch lohnen kann, zeigen die beiden folgenden Beispiele aus der Praxis:

Beispiel 1

Aufgabenstellung: Eine Tochtergesellschaft eines großen deutschen Konzerns, die seinerzeit einen Business-Tarif bei T-Systems nutzte, beauftragte uns, ihre Festnetzkosten zu senken und dabei die Prozesskosten im Auge zu behalten.

Lösungsansatz & Ergebnis: Wir konnten unserem Kunden ein Angebot machen, mit dessen Hilfe er seine Verbindungskosten um rund 46 Prozent senken konnte. Gleichzeitig bekam er eine Sammelrechnung über alle Standorte für Anschluss und Verbindungen und eine Kostenstellen bezogene Auswertung. Dadurch wurde eine verbesserte Transparenz bei geringeren Prozessaufwendungen erzielt.

Beispiel 2

Aufgabenstellung: Ein Software-Consulting-Unternehmen beauftragte uns, seine bestehende Preselection, die es seit circa zwei Jahren nutzte, auf Wettbewerbsfähigkeit zu prüfen und gegebenenfalls zu optimieren. Besonders wichtig waren dem Kunden auch einige Auslandspreise.

Lösungsansatz & Ergebnis: Wir konnten ihm einen günstigeren Preselectiontarif anbieten, der um rund 29 Prozent unter seinem bisherigen Anbieter lag. Zudem erhielt der Kunde zusätzliche Sonderkonditionen auf von ihm besonders stark frequentierte ausländische Ziele.

Die wichtigsten Optimierungsansätze

Die wesentlichen Überlegungen, wenn Sie sich mit einer Optimierung Ihrer Festnetzkosten befassen möchten, lassen sich in folgenden Fragen zusammenfassen:

➤ Lohnt sich ein Wechsel?

➤ Wenn ja, welches ist die richtige Lösung?

➤ Welcher Anbieter ist der geeignete?

Wechseln – ja oder nein?

Die Entscheidung, ob ein Wechsel für Sie in Frage kommt, wird im Wesentlichen davon abhängen, ob Ihnen einerseits glaubhaft ein ordentliches Ersparnispotenzial aufgezeigt wird und ob Sie andererseits das Risiko, mit dem neuen Anbieter Probleme zu bekommen, als gering einschätzen.

Zusätzlich zu beachten ist, dass Sie das Vertragsverhältnis kurzfristig kündigen können oder bei Störungen immer noch über eine entsprechende Vorwahl anderer Netzbetreiber telefonieren können.

Wenn Ihnen z. B. durch eine neue Preselection ein Ersparnispotenzial im zweistelligen Prozentbereich aufgezeigt wird und Ihnen der Anbieter seriös erscheint, so dass Sie keine Schwierigkeiten befürchten, ist ein Wechsel durchaus sinnvoll.

Wird Ihnen andererseits z. B. durch einen Vollanschlusswechsel nur ein Potenzial von vier bis fünf Prozent aufgezeigt und Aufwand und Risiko (durch Ausfallzeiten während der Umstellung) erscheinen Ihnen relativ hoch, sind Sie wohl besser beraten, ein funktionierendes System bestehen zu lassen.

Zudem besteht bei dieser Anschlussart häufig eine längere Vertragslaufzeit und Sie haben bei Problemen meistens nicht die Möglichkeit, einen anderen Netzbetreiber zu nutzen.

Welche Angebotsform ist ideal?

Ist bei Ihnen die Entscheidung gefallen, dass Sie Kosten sparen wollen und können, stellt sich die Frage nach der passenden Lösung (Preselection, Vollanschluss oder Voice over IP).

Vergleichen Sie dazu zunächst die Angebote in allen drei Formen und prüfen Sie die Ersparnis-Differenzen. Liegen die Ersparnisse dicht beieinander, ist eine Preselection vermutlich die geeignete Lösung, da sie sehr einfach zu realisieren ist, Ihnen großen Handlungsspielraum gewährt (z. B. können Sie weiterhin Call-by-Call nutzen) und die Umstellung nahezu ohne Ausfallzeiten erfolgt. Der Nachteil ist, dass nur bei den Gesprächsgebühren gespart werden kann – die Anschlusskosten bleiben unverändert.

Ist ein Wechsel zu einem Vollanschlussanbieter erheblich lukrativer (z. B. durch eine deutliche Reduzierung der Anschlusskosten), kann auch dieser Sinn machen. Der Nachteil: Sie riskieren Ausfallzeiten in der Umstellungsphase und binden sich relativ fest an einen Anbieter. Sind Sie nicht zufrieden, ist der Weg zurück nicht ganz einfach.

Ähnlich verhält es sich in Sachen Voice over IP (VoIP). Nehmen Sie einen Wechsel zu einem VoIP-Anbieter vor, verlassen Sie damit das reguläre Telefonnetz und führen Ihre externen Gespräche künftig über IP-Netzwerke, in der Regel über das Internet. Vorteil: Sie haben die Möglichkeit, die Telefonie künftig mit vielen anderen Diensten zu kombinieren, die über ein IP-Netz geführt werden. Zudem sparen Sie die Anschlusskosten, und die Gespräche zwischen den Unternehmensstandorten oder innerhalb einer Benutzergruppe sind bei vielen Anbietern kostenfrei. Dem gegenüber stehen die Abhängigkeiten von der Datenleitung oder dem Internet – funktionieren diese nicht, können Sie auch nicht mehr telefonieren. Weiterer Nachteil: Oftmals entstehen hohe Initialkosten und wahrscheinlich Ausfallzeiten in der Umstellungsphase. Gerade bei Verbindungen über das öffentliche Internet können keine Garantien hinsichtlich Übertragungszeit, Bandbreite und somit zur Verbindungsqualität überhaupt gegeben werden. Für Geschäftskunden, die auf hochwertige und störungsfreie Telefonverbindungen angewiesen sind, ist dies nicht unbedingt befriedigend.

Wenn Sie nicht gerade in einer Großstadt wie Frankfurt am Main sitzen, können Sie zudem Ihre Rufnummer nicht mitnehmen, sondern erhalten eine neue Rufnummer, die im Netz aber auf Ihre bisherige Rufnummer geroutet werden kann.

Den passenden Anbieter finden

Haben Sie sich einmal für den Wechsel und die gewünschte Angebotsform entschieden, bleibt noch die Frage nach dem richtigen Anbieter. Natürlich können Sie einfach das Angebot wählen, das Ihnen die höchste Ersparnis verspricht – aber auch weitere Faktoren sind zu berücksichtigen:

> Prüfen Sie die Seriosität und Solvenz Ihrer Favoriten. Lassen Sie sich z. B. einen Geschäftsbericht geben.

> Sprechen Sie mit bestehenden Kunden – jeder seriöse Anbieter kann Ihnen Referenzen zur Verfügung stellen.

> Lesen Sie gründlich das Kleingedruckte im Vertrag. Sehen Sie sich Vertragslaufzeiten und Kündigungsfristen an und prüfen Sie, unter welchen Bedingungen Sie zurücktreten können, wenn Sie nicht zufrieden sind.

> Vereinbaren Sie eine Testphase, innerhalb der Sie ein Sonderkündigungsrecht haben, falls Sie nicht zufrieden sind.

> Bei allen Direktanschluss-Formen sollten Sie unbedingt die Service-Level und garantierten Entstörungszeiten vergleichen!

Umsetzung im Detail

Die folgenden Tabellen helfen Ihnen, die eingeholten Angebote mit Ihrem bestehenden Tarif zu vergleichen. Dabei ist es sinnvoll, nach dem Pareto-Prinzip vorzugehen – also die wichtigsten Kosten zu vergleichen und sich nicht mit Cent-Beträgen aufzuhalten. Vergleichen Sie in der ersten Tabelle zunächst die Grundgebühren des bestehenden Vertrags und von neuen Angeboten. In der zweiten Tabelle stellen Sie die Verbindungskosten gegenüber, und in der dritten Tabelle können Sie die Kosten kumuliert vergleichen.

	Kosten BA	Kosten A1	Kosten A2	Kosten A3
GG Anschluss 1				
GG Anschluss 2				
GG Anschluss 3				
...				
Summe				

Abbildung 1: Vergleich der Grundgebühren
BA = bisheriger Anbieter, A1 = Anbieter 1, A2 = Anbieter 2, A3 = Anbieter 3,
GG = Grundgebühr.

	MP BA	Kosten BA	MP A1	Kosten A1	MP ...	Kosten ...
Ort						
Fern						
D1						
D2						
E-Plus						
O2						
Int. 1						
Int. 2						
Int. 3						
...						
Summe:						

Abbildung 2: Vergleich der Gesprächskosten
MP = Minutenpreis, BA = bisheriger Anbieter, Int. = Verbindungen ins Ausland.

	GK in Euro	Ersparnis in Euro	Ersparnis in Prozent
BA			
Anbieter 1			
Anbieter 2			
Anbieter ...			

Abbildung 3: Vergleich der Gesamtkosten
GK = Gesamtkosten, BA = bisheriger Anbieter.

Neben dem Vergleich der reinen Zahlen spielen auch noch einige weiche Faktoren eine Rolle. Achten Sie daher auch auf die Punkte der folgenden Checkliste.

Checkliste für die weichen Faktoren

✓ Anschlussart: Handelt es sich bei dem Angebot um eine Preselection, einen Vollanschluss oder eine VoIP-Lösung?

✓ Taktung: In welchem Takt wird abgerechnet? Ideal ist eine sekundengenaue Taktung (1/1). Ebenfalls noch akzeptabel ist eine 10/10-
Taktung. 60/1, 60/10, 60/30 oder sogar 60/60 sind nicht empfehlenswert.

✓ Vertragslaufzeit: Wie lange müssen Sie sich an den Anbieter binden?
Mehr als ein Jahr ist unüblich.

✓ Optionsmöglichkeiten: Haben Sie mit Hilfe von Optionen die Möglichkeit, weitere Vorteile zu erzielen, z. B. für verbesserte Taktung,
Flatrates usw. Wenn ja, was kosten diese Optionen?

✓ Enthaltene Services: Bietet Ihnen ein Anbieter zusätzlich interessante Inklusivleistungen, z. B. die kostenfreie Auswertung Ihrer Rechnung nach Kostenstellen?

✓ Gibt es Online-Portale, die Sie zur Kostenanalyse etc. nutzen können?

✓ Sind Service-Level und Entstörungszeiten garantiert?

Das A – Z der Festnetztelefonie

Anschlussübernahme: Bei einer klassischen Preselection erhält der
Kunde zwei Rechnungen – eine von seinem Anschlussanbieter (z. B.
der Deutschen Telekom), eine von seinem Preselectionanbieter. Einige
Anbieter übernehmen inzwischen den Anschluss des Kunden und stel-
len ihm eine Sammelrechnung aus. Unter Prozesskostenaspekten ein
Vorteil.

Ausfallzeiten: Bei Vollanschlussumstellungen müssen Sie mit mehreren
Stunden Ausfallzeit rechnen, bevor der neue Anschluss steht. Wenn Sie
diesen Wechsel vollziehen wollen, müssen Sie das in Ihren Geschäfts-
ablauf einplanen.

Flatrates: Flatrates im Festnetz dienen dazu, kostenfreie Telefonate in einen bestimmten Zielbereich zu führen. Das kann z. B. das nationale Festnetz oder die firmeninterne Telefonie sein. Ob sich eine Flatrate lohnt, zeigt der Kostenvergleich zwischen Flatrate-Gebühr und Gesprächskosten in den entsprechenden Bereich. Vorsicht: Flatrates werden pro Anschluss berechnet und sind je nach Anschlussart unterschiedlich teuer. Eine Flatrate für einen ISDN-Anlagenanschluss ist z. B. deutlich günstiger als die für einen Primärmultiplexanschluss. Teilweise sind die Flatrates sogar limitiert, enthalten also nur ein bestimmtes Minutenkontingent.

Festnetzsubstitution: Unter Festnetzsubstitution versteht man die Ablösung des Festnetzes durch eine andere Lösung (z. B. Mobilfunk). Da drei der vier deutschen Netzbetreiber bereits Festnetznummern und Home-Bereiche anbieten, die zum Teil recht spannende Möglichkeiten bieten, kann eine solche Lösung durchaus Sinn machen.

Fixed-Mobile-Integration: Fixed-Mobile-Integration nennt man das Zusammenwachsen zwischen Festnetz- und Mobilfunk zu einer Komplettlösung. Sicherlich eines der aktuellen Trendthemen.

Kündigungsfristen: Achten Sie immer auf die Kündigungsfrist in Ihren Verträgen. Wenn Sie diese verpassen, verlängern sich die Verträge automatisch und Sie sind weiter gebunden. Üblich sind drei Monate Kündigungsfrist zum Vertragsende.

Laufzeit: In Zeiten von immer noch fallenden Preisen und neuen Lösungen sollte man sich nicht zu lange an einen Anbieter binden. Vertragslaufzeiten von bis zu einem Jahr sind akzeptabel – mehr sollte man nicht akzeptieren.

Preselection: Unter Preselection versteht man die feste Voreinstellung eines Anbieters, über den alle abgehenden Gespräche geführt werden. Der Telefonanschluss bleibt beim bisherigen Anbieter bestehen. Die Umstellung ist sehr einfach und unproblematisch. In der Regel bekommt der Kunde davon gar nichts mit.

Taktung: Achten Sie besonders auf den Abrechnungstakt bei den Ihnen vorgelegten Angeboten. Ideal ist eine sekundengenaue Abrechnung (1/1). Schlechtere Taktungen sollten Sie nur in Ausnahmefällen akzeptieren, z. B. bei großer Ersparnisdifferenz.

Terminierungsentgelte: Terminierungsentgelte sind die Gebühren, welche die Mobilfunkprovider von den Festnetzanbietern verlangen, um Gespräche in ihr Netz zuzustellen. Diese Entgelte sorgen dafür, dass Gespräche in Mobilfunknetze noch immer recht teuer sind.

Voice over IP (VoIP): Bei einer Voice over IP-Lösung telefoniert der Kunde nicht mehr über Telefonleitungen, sondern über Datennetze, z. B. das Internet. Voraussetzung ist ein ausreichender Breitbandanschluss. Unter Kostenaspekten ist der VoIP-Anschluss nicht deutlich attraktiver als vergleichbare Preselection- oder Vollanschlusslösungen. Das Interessante daran ist vielmehr die Fülle an Möglichkeiten, die sich an Zusatzdiensten implementieren lässt.

Vollanschluss: Bei einem Vollanschlusswechsel verlässt der Kunde seinen bisherigen Anbieter komplett, also mit Anschluss und Gesprächsverbindungen. Der Vollanschlusswechsel bietet dem Kunden häufig etwas bessere Konditionen als die klassische Preselection – insbesondere, was die Grundgebühren angeht. Trotzdem sollte dieser Schritt gut überlegt werden, da er etwas aufwendiger ist und bei der Umstellung mit einem zeitweißen Verbindungsausfall gerechnet werden muss. Zudem ist es nicht ganz einfach, einen Vollanschlusswechsel rückgängig zu machen, wenn man unzufrieden ist.

Lösungen für kleine Budgets

Bei vielen Unternehmen ist die mobile Erreichbarkeit besonders wichtig, während die Kosten für Festnetzanschlüsse die Gesprächskosten häufig deutlich übersteigen. Bei dieser Konstellation ist es sehr sinnvoll, über eine Fixed-Mobile-Integration, also eine gemeinsame Lösung für Festnetz und Mobilfunk, nachzudenken. Das bringt Ihnen die folgenden Vorteile:

> Sie sparen die doppelte Grundgebühr für einen Festnetz- und einen Mobilfunkanschluss.

> Sie haben eine Festnetz- und eine Mobilfunknummer, unter der Sie erreichbar sind, haben Ihr Endgerät aber stets dabei.

> Sie haben die Möglichkeit, einen Großteil der Kosten über Flatrates abzudecken und damit weitgehend kalkulierbare Kosten zu produzieren.

> Sie bekommen viele komfortable Lösungen, wie z. B. unternehmensweite Kurzwahlen.

Tipps im Überblick

Tipp 17: Der Wechsel muss sich lohnen

Ein Anbieterwechsel ist immer mit einem gewissen Initialaufwand und potenziellen Ausfallzeiten verbunden, insbesondere wenn man über einen Vollanschlusswechsel nachdenkt. Die Ersparnis sollte daher im deutlich zweistelligen Prozentbereich liegen, um den Aufwand zu rechtfertigen.

Tipp 18: Wählen Sie die passende Angebotsform

Überlegen Sie sich im Vorfeld eines Wechsels, welche Angebotsform (Preselection, Vollanschluss, Voice over IP) für Sie sinnvoll ist. Dabei spielen neben dem Ersparnispotenzial auch Flexibilität und Aufwand eine Rolle.

Tipp 19: Achten Sie auch auf die weichen Faktoren

Nicht allein der Preis ist bei einem Angebot ausschlaggebend. Achten Sie auch auf weiche Faktoren wie Taktung, Optionen, inklusive Serviceleistungen, Referenzen und die Möglichkeit einer Teststellung.

Tipp 20: Denken Sie an die Kündigungsfristen

Verträge im Telekommunikationsbereich haben die unangenehme Eigenschaft, sich automatisch zu verlängern, wenn sie nicht rechtzeitig gekündigt werden. Behalten Sie daher die Kündigungsfristen im Auge. Üblich sind drei Monate zum Vertragsende.

Tipp 21: Überprüfen Sie regelmäßig Ihre Tarife

Alle 12 bis 18 Monate sollten Sie Ihre bestehenden Tarife überprüfen. Zum einen gibt es immer noch preisliche Veränderungen am Markt, zum anderen gibt es ständig Innovationen oder neue Produkte erreichen einen markttauglichen Reifegrad.

Tipp 22: Rechnen Sie durch, ob sich eine Flatrate lohnt

Eine Flatrate ist eine angenehme Sache, weil sie zumindest teilweise für fest kalkulierbare Kosten sorgt. Auf der anderen Seite muss man oft schon eine ganze Menge telefonieren, bevor sich eine Flatrate lohnt. Rechnen Sie daher mit spitzem Bleistift.

Tipp 23: Vorsicht vor zusätzlichen Kosten

Besonders wenn Sie über einen Vollanschlusswechsel oder eine VoIP-Lösung nachdenken, sollten Sie sich genau nach zusätzlichen Kosten erkundigen. Fallen Installationsgebühren an? Brauchen Sie möglicherweise neue Hardware? Und müssen Sie Anschlüsse redundant belassen, um eine Backup-Lösung zu haben?

Tipp 24: Vertragslaufzeit

In einem Markt mit sich häufig verändernden Preisen und ständigen Innovationen sollten Sie sich nicht zu langfristig an einen Anbieter binden. Vertragslaufzeiten von bis zu zwölf Monaten sind in Ordnung. Darüber hinaus sollten Sie skeptisch sein.

Tipp 25: Fixed-Mobile-Integration

Haben Sie sich schon einmal die Frage gestellt, ob Sie Ihr Festnetz überhaupt noch brauchen? In Zeiten, in denen die Fixed-Mobile-Integration-Angebote immer interessanter und ausgereifter werden, sollte man durchaus auch einmal diese Rechnung aufmachen und sich eine Teststellung ins Haus holen.

Tipp 26: Nutzen Sie das Handy für interne Gespräche

In vielen aktuellen Mobilfunkrahmenverträgen ist bereits eine interne Flatrate integriert, was bedeutet, dass die Mitarbeiter untereinander kostenlos von Handy zu Handy telefonieren. Wenn es einen solchen Vertrag in Ihrem Unternehmen gibt, sollten Sie das Handy nutzen, um einen Kollegen mobil zu erreichen. Selbst ohne interne Flatrate sind die netzinternen Gespräche in einem guten Mobilfunkrahmenvertrag in der Regel günstiger als der Anruf vom Festnetz.

7. Breitband – Vom Webzugang bis zur Standortvernetzung

Markt und Marktentwicklung

Die vergangenen Jahre waren in Deutschland von einem deutlich steigenden Bedarf an Breitbandlösungen geprägt. Während heute ADSL-Anschlüsse bereits in sehr vielen privaten Haushalten (mit stets zunehmenden Bandbreiten) Einzug gehalten haben, werden in den Firmen in immer höherem Maße breitbandige Internetzugänge und Unternehmensvernetzungen über ein Virtual Private Network (VPN) nachgefragt. Hier sind im Gegensatz zum Privathaushalt eher Lösungen via SDSL und Festverbindungen in Bandbreiten ab 2 Mbit/s gefragt.

Grund dafür ist ein stetig anwachsender IP-Traffic, der sich durch immer weiter steigende Datenmengen auszeichnet. Moderne Unternehmen haben vielfältige Anforderungen an eine schnelle und kompakte interne und externe Kommunikation, die gerade heute auch als ein Wettbewerbsvorteil angesehen wird. Dieser Trend, der durch Unternehmensexpansionen und -fusionen sowie durch neue Bearbeitungs- und Fertigungsprozesse entstanden ist, wird auch in den nächsten Jahren ungebremst anhalten. Hinzu kommt der Globalisierungseffekt und damit verbunden die Anforderung, Lösungen für die europa- und weltweite Kommunikation und somit für die Unternehmensvernetzung zu schaffen.

Ein für die Unternehmen sehr erfreulicher Effekt ist die mittlerweile gut ausgebaute Infrastruktur, die neben den Ex-Monopolisten auch von alternativen Carriern betrieben und angeboten wird. Dazu kommt eine Preisreduzierung, die sich für den Kunden seit Jahren in allen Bereichen der Breitbandlösungen positiv entwickelt hat. Immer höhere Bandbreiten und bessere Lösungen sind für immer weniger Geld zu bekommen.

Viele Anbieter und Carrier haben zudem erkannt, dass die Kunden zunehmend mehr Wert auf Content und komplette Lösungen legen, und haben ihr Portfolio entsprechend erweitert.

Ersparnispotenzial

Die Vielzahl an Anbietern und Lösungen macht für den Firmenkunden zwar die Auswahl des für ihn geeigneten Lieferanten nicht gerade leichter, birgt aber dafür ein ordentliches Ersparnispotenzial. Durchschnittlich 20 bis 30 Prozent bei zusätzlich verbesserter Leistung (z. B. mehr Service und höhere Bandbreite) ist ein realistischer Ersparniswert. Diese Zahl kann noch deutlich überboten werden, wenn der Kunde einen älteren Vertrag besitzt (mehr als zwei Jahre) oder bei einem Anbieter unter Vertrag steht, der seine Konditionen nicht marktgerecht angepasst hat. Dazu zwei Ersparnisbeispiele aus der Praxis:

Beispiel 1

Aufgabenstellung: Eine große Werbeagentur nutzte einen alten SDSL-Business-Anschluss mit einer Bandbreite von maximal 1,5 Mbit/s als Flatrate. Vorgabe war es, eine gleiche bis bessere Bandbreite zu reduzierten Kosten anzubieten.

Lösungsansatz & Ergebnis: Die Agentur konnte nach einer Verfügbarkeitsanalyse für ihren Standort einen SDSL-Anschluss mit maximal 2 Mbit/s als Flatrate zu deutlich reduzierten Kosten erhalten. Neben der Bandbreitenverbesserung um 25 Prozent konnte eine Kostenoptimierung um rund 42 Prozent erzielt werden.

Beispiel 2

Aufgabenstellung: Eine Gebäudemanagement-Firma wollte ihr altes Unternehmensnetzwerk (VPN) durch ein neues, leistungsfähigeres ersetzen. Ziel waren insbesondere die Ablösung der inzwischen teuren und schwer überschaubaren teil- und vollvermaschten Netzinfrastruktur sowie eine verbesserte Sicherheit, deutlich schnellere Verbindungen und die Einbindung von zwei zusätzlichen Standorten. Die Kosten sollten dabei möglichst auf gleichem Level gehalten werden.

Lösungsansatz & Ergebnis: Alle Vorgaben der Firma (wirtschaftlichere, leistungsfähigere und schnellere Anbindungen, größere Sicherheit, skalierbare Bandbreiten und Einbindung neuer Standorte) konnten durch eine Entscheidung für einen auf Geschäftskunden spezialisierten Carrier erfüllt werden. Zusätzlich konnten schnellere Entstörzeiten und eine Kostensenkung von rund sechs Prozent erzielt werden.

Die wichtigsten Optimierungsansätze

Die drei wichtigsten Ansatzpunkte, wenn es um die Entscheidung für eine neue Breitbandlösung geht, lauten Bedarfsermittlung, Verfügbarkeitsprüfung und Zukunftssicherheit.

Bedarfsermittlung

Als ersten Schritt sollten Sie festlegen, was die von Ihnen angestrebte Lösung Ihrem Unternehmen bringen soll. Bedenken Sie dabei auch die Aspekte Sicherheit und Bandbreitengarantie und schätzen Sie Ihren Bedarf richtig ein.

Für die Anbindung von Homeoffices an die Firmenzentrale wird z. B. häufig bereits ein einfacher ADSL-Anschluss genügen, während sensible und große Datenpakete zwischen Firmenzentrale und Niederlassung besser mit einer gesicherten Festverbindung abgedeckt werden. Für kleinere Standorte gibt es je nach Verfügbarkeit natürlich auch die Möglichkeit, auf etwas kostengünstigere symmetrische Anbindungen via DSL (SDSL) zurückzugreifen.

Wenn Sie bezüglich der geeigneten Lösung nicht sicher sind, sollten Sie sich einen guten Berater an die Seite holen, der Ihnen bei der Bedarfsermittlung hilft. Lässt Ihr Budget das nicht zu, sollten Sie sich zumindest von einigen auf die Anforderungen von Geschäftskunden spezialisierten Anbietern Lösungsvorschläge für Ihre Problemstellung erstellen lassen und deren Aussagen auf Kongruenz prüfen.

Verfügbarkeitsprüfung

Steht einmal das Anforderungsprofil, muss überprüft werden, ob es auch realisierbar ist. Die besten Konzepte und Angebote nutzen nichts, wenn die Lösung an den von Ihnen gewünschten Standorten nicht verfügbar ist.

Wenn Sie zum Beispiel einen ländlichen Standort mittels VPN in Ihr Firmennetz einbinden wollen, aber feststellen müssen, dass vor Ort keine terrestrische Anbindung (Kupfer- oder Glasfaserleitungen) in der geforderten Art vorhanden ist, müssen Sie sich Gedanken über eine alternative Lösung machen.

In Frage kämen hierfür z. B. Richtfunkverbindungen und zumindest für die temporäre Anbindung (z. B. für den Außendienst) Funklösungen auf Basis eines Mobilfunknetzes (GSM oder UMTS-Anbindung).

Zukunftssicherheit

Ist auch die Verfügbarkeit für Ihre Wunschlösung gesichert, geht es in einem dritten Schritt darum, die Lösung auf ihre Zukunftssicherheit zu prüfen. Konkret bedeutet das, dass Sie sich über die Unternehmens- und Marktentwicklung in den kommenden Jahren Gedanken machen müssen. Prüfen Sie die Angebote daraufhin, dass sie den daraus voraussichtlich resultierenden Anforderungen noch genügen. Zumindest sollte sichergestellt sein, dass die am Ende ausgewählte Lösung flexibel genug ist, um auf diese möglicherweise veränderten Anforderungen zu reagieren.

Lassen Sie sich also die Möglichkeit und Verfügbarkeit für eine Veränderung der Lösung (in beide Richtungen) aufzeigen und in die Vertragswerke mit aufnehmen. Achten Sie auch darauf, dass Sie keine zu lange Vertragslaufzeit abschließen. Sie verpassen sonst die Möglichkeit, von fallenden Preisen oder neuen technologischen Möglichkeiten zu profitieren.

Umsetzung im Detail

Alle Angebote, die bedarfsgerecht, verfügbar und skalierbar sind, stehen nun zum Vergleich an. Dabei sollten neben den laufenden Kosten auch die Installationskosten, das Servicepaket und die weichen Faktoren verglichen werden.

Im Folgenden finden Sie ein einfaches Muster für einen Kosten-Leistungs-Vergleich am Beispiel des Themas SDSL-Angebote. Neben den tabellarisch aufgeführten Vergleichen der harten Zahlen und Fakten haben wir für Sie eine Checkliste der weichen Faktoren aufbereitet.

	BA	A1	A2	...
Produkt				
Benötigte Anzahl				
Hardware enthalten				
Bandbreite (Up-/Downstream)				
Inklusivvolumen				
Mehrkosten bei Überschreitung				
Flatrate				
Vertragslaufzeit				
Entstörungsservice enthalten				
Einmalige Installationskosten				
Monatliche Kosten				
Jährliche Kosten im Durchschnitt				

Abbildung 4: Kosten-Leistungs-Vergleich SDSL
BA = bisheriger Anbieter, A1 = Anbieter 1, A2 = Anbieter 2.

Checkliste für die weichen Faktoren

✓ Ausbau: Das System muss jederzeit gestiegenen Anforderungen, z. B. Einbindung zusätzlicher Standorte, erweiterten Technologien (z. B. VoIP) oder höheren Bandbreiten, gerecht werden.

✓ Betreuung: Ein persönlicher, kompetenter Ansprechpartner sollte vor, während und nach der Inbetriebnahme zur Verfügung stehen.

✓ Service: Installation, Überwachung und Entstörung müssen schnell und laufend verfügbar sein.

✓ Transparenz: Aus dem Angebot sollten alle Kosten transparent ersichtlich und klar kalkulierbar sein (Vollkostenansatz).

✓ Umfang: Der Anbieter muss in der Lage sein, alle Leistungen (Anschluss, Inbetriebnahme, Flatrate, Service etc.) aus einer Hand zu bieten.

Das A – Z der Breitbandlösungen

ADSL: ADSL ist eine Breitbandverbindung, die eine höhere Bandbreite für Downloads als für Uploads bietet. Als T-DSL ist sie auch im Privatkundenmarkt weit verbreitet. Im Vergleich zu den symmetrischen DSL-Lösungen ist sie relativ preisgünstig.

Einrichtungsentgelt: Für Breitbandangebote wird in der Regel nicht nur eine monatliche Nutzungspauschale, sondern auch eine Einrichtungsgebühr fällig. Diese Einrichtungsgebühr sollte im Rahmen des Vollkostenansatzes immer auf die monatlichen Kosten umgeschlagen werden, um so einen transparenten Vergleich zu bekommen.

Kündigungsfrist: Üblich im Breitbandmarkt ist eine Kündigungsfrist von drei Monaten zum Vertragsende – aber auch abweichende Regelungen sind möglich. Dabei sollte man immer die Kündigungstermine kennen. Wird eine Frist versäumt, verlängert sich der Vertrag automatisch.

Laufzeit: Breitbandverträge werden normalerweise mit einer Vertragslaufzeit zwischen einem und fünf Jahren angeboten. Obwohl die Anbieter als Anreiz für lange Laufzeiten reduzierte Einrichtungsgebühren und Monatspreise anbieten, sollte man sich nicht zu lange binden. Zum einen befinden sich die Preise am Markt weiter im Fallen, zum anderen können technologische Neuerungen den Markt nachhaltig verändern.

Richtfunk: Richtfunk bietet eine Alternative zur Anbindung eines Standortes ans Breitbandnetz, wenn keine terrestrische Lösung (Kupfer- oder Glasfaserkabel) vor Ort verfügbar ist. Im Vergleich zu den DSL-Varianten ist diese Möglichkeit aber deutlich teurer.

SDSL: SDSL ist eine Breitbandverbindung, die eine gleichmäßige Bandbreite für Downloads und Uploads bietet. Sie wird fast ausschließlich im Geschäftskundenumfeld vermarktet. Preislich liegt sie deutlich höher als ADSL-Angebote.

Standleitung: Eine Standleitung ist eine Breitbandleitung, die exklusiv für einen Kunden reserviert ist und entsprechend eine hohe Verfügbarkeit und Sicherheit für den Kunden bietet. Preislich ist sie (durch die Exklusivität) natürlich deutlich teurer als die DSL-Varianten. Im Gegenzug sind enorme Bandbreiten möglich.

UMTS: Bei UMTS handelt es sich um einen Standard zur Übertragung von Daten und Sprache über die Mobilfunknetze. Auch wenn die Bandbreiten zunehmend besser werden, ist UMTS allenfalls als Alternative für Standorte geeignet, die keine terrestrische DSL-Anbindung haben. Denn im Vergleich zu terrestrischen Lösungen ist UMTS derzeit noch zu teuer und zu wenig ausgebaut.

Virtual Private Network (VPN): Unter einem Virtual Private Network (VPN) versteht man die Vernetzung von Unternehmensstandorten über Datenleitungen. Dies ist sowohl über das Internet als auch über exklusive Verbindungen möglich. Der Unterschied liegt in der garantierten Verfügbarkeit, der Sicherheit, der möglichen Bandbreite und natürlich dem Preis.

Wimax: Der relativ neue Funkstandard „Word Interoperability for Microwave Access" ermöglicht den drahtlosen Datentransfer über bis zu 50 Kilometer. In Städten ist die Reichweite deutlich geringer, daher ist diese Lösung eher für terrestrisch unerschlossenes Land interessant. Zudem ist sie deutlich teurer als DSL-Angebote.

Lösungen für kleine Budgets

Kunden mit kleinem Budget greifen häufig auf ADSL-Angebote zurück, die auch für Privatkunden angeboten werden. Dabei findet man oft Lockangebote mit den folgenden Fallen:

➤ Das Angebot ist zu diesem Preis nur für Großstädte verfügbar.

➤ Der Preis gilt nur für ein paar Monate – der Rest der Vertragslaufzeit wird zu einem höheren Entgelt abgerechnet.

➤ Es werden zusätzlich Anschluss-, Versand- und Handlingpauschalen berechnet.

Schauen Sie deshalb besonders genau ins Kleingedruckte und machen Sie eine Vollkostenrechnung. Auch zu lange Vertragslaufzeiten (mehr als zwölf Monate) sollten Sie nicht akzeptieren, da die Preise sich immer noch bewegen.

Tipps im Überblick

Tipp 27: Akzeptieren Sie keine zu langen Laufzeiten

Der Breitbandmarkt ist noch immer von fallenden Preisen und neuen Innovationen geprägt. Binden Sie sich daher nicht zu lange an einen Anbieter, um bei Bedarf zeitnah zu einem günstigeren Anbieter wechseln zu können.

Tipp 28: Machen Sie Vollkostenrechnungen

Gerade im Breitbandmarkt sind hohe Einrichtungsgebühren üblich. Rechnen Sie diese Kosten daher bei einem Anbieterwechsel immer mit ein und verhandeln Sie die Position gegebenenfalls nach.

Tipp 29: Prüfen Sie die Verfügbarkeit

Das schönste Angebot nutzt Ihnen nichts, wenn es an Ihrem Standort nicht verfügbar ist. Prüfen Sie daher im Vorfeld die Verfügbarkeit an den gewünschten Standorten und vergleichen Sie nur die Angebote, die auch realisierbar sind. Wenn Sie diese Prüfungen nicht selbst durchführen wollen oder können, sollten Sie sich diesbezüglich unbedingt beraten lassen.

Tipp 30: Sorgen Sie für skalierbare Lösungen

Machen Sie sich bei der Beschaffung Ihrer Breitbandlösung bereits Gedanken darum, wie sich Ihr Geschäft weiter entwickeln könnte und wie die Lösung dann modifiziert werden muss. So sorgen Sie im Vorfeld für skalierbare Lösungen.

Tipp 31: Achten Sie auf die Kündigungsfristen

Nichts ist ärgerlicher als zu wissen, dass man für seine Lösung zu viel bezahlt, es aber nicht ändern kann, weil man die Kündigungsfrist verpasst hat. Prüfen Sie daher rechtzeitig, ob das Angebot noch optimal für Sie ist, und kündigen Sie bei Bedarf innerhalb der Frist.

Tipp 32: Investieren Sie in eine bedarfgerechte Anfrage

Je genauer Sie wissen, welche Lösung Sie benötigen, umso einfacher ist es für Sie, die Angebote zu vergleichen, und umso besser passt die Lösung nachher zu Ihnen. Wenn Sie bei der Bedarfsermittlung unsicher sind, investieren Sie lieber in einen Expertenrat, als später viel Ärger zu provozieren.

Tipp 33: Prüfen Sie alternative Lösungen

Nicht jeder Standort kann mit der Lösung bedient werden, die von Ihnen gewünscht wird (z. B. wegen fehlender Anbindung an ein terrestrisches Netz). Das bedeutet aber nicht, dass Sie grundsätzlich Ihre Lösung verwerfen sollten. Vielmehr lohnt ein Blick über den Tellerrand (z. B. in den Bereich von Funklösungen), um das Ziel doch noch zu erreichen.

Tipp 34: Sorgen Sie für guten Service

Bevor Sie einen Vertrag mit einem Unternehmen abschließen, sorgen Sie dafür, dass Sie guten Service bekommen. Lassen Sie sich einen persönlichen Ansprechpartner geben, der Ihre Lösung und Ihre Struktur kennt. Besonders, wenn einmal ein Störfall eintritt, hilft Ihnen ein Call-Center in China nicht weiter. Wenn Ihr Ansprechpartner einmal krank oder in Urlaub ist oder im Extremfall sogar das Unternehmen verlässt, sollten Sie auf eine sorgfältige Übergabe an einen Stellvertreter Wert legen.

8. Mobilfunk – Durchblick im Angebotsdschungel

Markt und Marktentwicklung

Noch Mitte der neunziger Jahre war es etwas ganz Besonderes, wenn man ein Handy sein Eigen nennen konnte. Dafür war die Netzabdeckung äußerst bescheiden, die Kosten astronomisch und die Geräte nicht gerade komfortabel.

Heute hingegen haben wir mehr Handys als Einwohner in Deutschland, und der Markt ist längst gesättigt. Die Netze sind gut ausgebaut, die Geräte sind auf einem hohen technologischen Stand und die Preise sind über Jahre gefallen. Auch dank der Fülle an Anbietern, Optionen und Flatrate-Konzepten wird mobiles Telefonieren in Deutschland immer günstiger.

Auf der anderen Seite gehört Deutschland immer noch zu den Ländern mit den höchsten Mobilfunkpreisen in Europa. Zudem telefoniert längst nicht jedes Unternehmen so günstig und komfortabel mobil, wie dies möglich wäre. Schuld daran ist ein riesiges Angebot an verschiedenen Tarifen und Optionen, das dafür sorgt, dass kaum noch jemand den Tarifdschungel durchblickt. Umso größer ist das Ersparnispotenzial.

Ersparnispotenzial

Wie viel Sie einsparen können, erleben wir in unserer täglichen Unternehmenspraxis. Nahezu jeder Kunde kann zwischen zwanzig und dreißig Prozent seiner Mobilfunkkosten sparen. In Einzelfällen sind sogar Optimierungen von über fünfzig Prozent möglich.

Dabei ist es keineswegs so, dass die Unternehmer dafür zwingend das Netz wechseln müssten oder Einbußen bei Qualität und Service in Kauf nehmen. Im Gegenteil: Die Kosten werden transparenter, an vielen Stellen durch Pauschalisierung kalkulierbarer, und Qualität und Service nehmen häufig zu. Dazu zwei Beispiele aus der Praxis:

Beispiel 1

Aufgabenstellung: Ein Breitband-Carrier, der rund 80 Mobilfunkkarten im Einsatz hatte, beauftragte uns, die Mobilfunk-Kosten nachhaltig zu senken und, wo es möglich wäre, zu pauschalisieren und Transparenz zu schaffen.

Lösungsansatz & Ergebnis: Wir beschafften einen verbesserten Rahmenvertrag und passten die Tarife maßgerecht an. Dadurch erreichten wir eine Kostenreduzierung um rund 41 Prozent. Zudem erhielt der Kunde eine sekundengenaue Abrechnung, eine Flatrate für alle unternehmensinternen Gespräche und eine Softwarelösung, mit deren Hilfe er die Kosten komfortabel analysieren konnte.

Beispiel 2

Aufgabenstellung: Ein Verlag mit knapp 30 Mobilfunkkarten im Unternehmen beauftragte uns, seine Mobilfunk-Kosten zu überprüfen und, wo es möglich wäre, zu reduzieren. Voraussetzung war, dass das vorhandene Netz beibehalten wurde.

Lösungsansatz & Ergebnis: Wir stellten den Kunden in unsere Großkunden-Rahmenkonditionen um und stimmten gleichzeitig die Tarifstruktur individuell auf sein Gesprächsverhalten ab. Dadurch konnten wir für unseren Auftraggeber die Mobilfunkkosten um rund 27 Prozent senken. Hinzu kamen eine verbesserte Gesprächstaktung und eine transparente Sammelrechnung, wo zuvor viele Einzelrechnungen die Buchhaltung belasteten.

Die wichtigsten Optimierungsansätze

Bei der Optimierung von Mobilfunkkonditionen gibt es drei Faktoren, die für den Erfolg wesentlich sind: Homogenität, Qualität und Vergleichbarkeit. Hier können Sie zuerst ansetzen. Werden diese Faktoren bedacht, ist bereits ein Großteil der Ersparnis gewonnen.

Homogenität

In vielen Mittelstandsunternehmen herrschen noch heterogene Vertragsstrukturen bei den Mobilfunkverträgen. Der eine Unternehmensteil hat z. B. T-Mobile, der andere E-Plus-Verträge, zudem haben vielleicht einige Mitarbeiter ihre alten Verträge von diversen Serviceprovidern mitgebracht.

Das Problem daran ist, dass die höchsten nationalen Gesprächskosten mit Telefonaten in fremde Mobilfunknetze erzeugt werden. Allein die Maßnahme, alle Verträge zu einem Anbieter zu bringen, sorgt in der Regel schon dafür, dass die Kosten für Gespräche innerhalb des Unternehmens um über 80 Prozent reduziert werden. In einigen Fällen lohnt sich sogar die firmeninterne Flatrate, so dass die Mitarbeiter gegen eine erhöhte Grundgebühr komplett kostenlos untereinander telefonieren.

Qualität

Kosteneinsparungen sind gut – sie dürfen aber nicht zulasten der Qualität gehen. Ein paar Euro Kostenvorteil dürfen nicht dafür sorgen, dass die Mitarbeiter nicht mehr mobil erreichbar sind oder permanent die Gespräche abreißen.

Um herauszufinden, ob ein Netz Ihren Anforderungen genügt, testen Sie es vorher. Wenn es sich um eine zweistellige Größenordnung an Verträgen handelt, bekommen Sie von den Anbietern auf Wunsch eine kostenlose Teststellung angeboten. Sollte dies nicht möglich sein, können Sie sich immer noch z. B. eine Prepaidkarte besorgen und so das Netz testen.

Vergleichbarkeit

Jeder Mobilfunkprovider wird Ihnen erklären, dass er das beste Angebot für Sie hat, und er wird auch Argumente dafür finden. Einen objektiven Überblick bekommen Sie nur dann, wenn Sie im Vorfeld die Regeln festgelegt haben. Formulieren Sie das gewünschte Anforderungsprofil und stellen Sie die Angebote anhand von objektiven und messbaren Kriterien gegenüber. Nur so können Sie sicher sein, dass Sie die Antworten auf die gestellten Fragen bekommen und nicht die Thesen der jeweiligen Marketingabteilung.

Umsetzung im Detail

Bevor Sie beginnen können, sich Angebote einzuholen und diese zu vergleichen, müssen Sie zunächst die eigenen Kosten und deren Schwerpunkte kennen. Nehmen Sie sich also Ihre bestehenden Mobilfunkrechnungen und die hinterlegten Vertragskonditionen zur Hand

und schlüsseln Sie die Kosten erst einmal auf. Die folgenden Tabellen
können dafür als Vorlage dienen.

Anzahl der Verträge	
Anbieter	
Tarif	
Taktung	

Abbildung 5: Basisinformationen

	Summe	Anteil
Grundgebühr inkl. Optionen		
Mindestumsatz		
Inklusivminuten		

Abbildung 6: Fixe Kosten

	Summe	Anteil
Intern (Mobil zu Festnetz)		
Intern (Mobil zu Mobil)		
Festnetz		
Netzintern/Mailbox		
Netzextern		
SMS		
Int. (Europa, USA, Kanada)		
Int. (Welt)		

Abbildung 7: Variable Kosten
Int. = Verbindungen ins Ausland.

Summe	
Kosten pro Vertrag	

Abbildung 8: Gesamtkosten

Nun wissen Sie, wo Ihre größten Kostenblöcke liegen und welche Ihre Hauptansatzpunkte sein sollten, um Ihre Kosten nachhaltig zu reduzieren. Bevor Sie sich jetzt Angebote von Ihrem aktuellen Anbieter und dessen Konkurrenten einholen, sollten Sie definieren, was Ihnen sonst noch wichtig ist.

Checkliste für die weichen Faktoren

✓ Elektronischer Zugriff auf Rechnungsdaten: Ein Ansatzpunkt zur Reduktion von Kosten ist sicher ein guter, auf das Unternehmen zugeschnittener Rahmenvertrag. Aber auch intern (z. B. durch das Gesprächsverhalten der Mitarbeiter) kann man Optimierungen vornehmen. Eine entsprechende Auswertung fällt Ihnen leicht, wenn Sie elektronisch über die Rechnungsdaten verfügen können.

✓ Kostenstellenbezogene Abrechnung: Sie können Ihrer Buchhaltung viel Arbeit ersparen, wenn Ihr Anbieter Ihnen eine kostenstellenbezogene Abrechnung liefert. Fragen Sie danach und senken Sie so Ihre internen Prozesskosten.

✓ Kostenlose Komfort-Mailbox: Manche Anbieter verlangen immer noch ein Entgelt für ihre Komfort-Mailbox. Als Geschäftskunde sollten Sie das nicht akzeptieren.

✓ Mailbox-Abfrage: Manche Anbieter bieten vergünstigte Preise für die Mailbox-Abfrage oder sogar den kostenlosen Service an. Achten Sie darauf.

✓ Mitnahme der Rufnummern: Die Mitnahme der Rufnummern ist heute üblich. Allerdings fordern die abgebenden Anbieter dafür oft eine Servicegebühr. Diese sollten Sie sich von Ihrem neuen Anbieter erstatten lassen.

✓ Schneller Service bei defekter Hardware: Wenn einmal ein Handy defekt ist, sollte es schnell ausgetauscht werden. Manche Provider bieten Ihnen einen 24-Stunden-Austauschservice, was natürlich ideal ist.

✓ SMS: Einige Provider bieten vergünstigte netzinterne SMS an. Besonders wenn Sie ein hohes SMS-Aufkommen haben, sollten Sie darauf achten.

✓ Subventionierte Hardware: Natürlich gibt es heute zu den meisten Mobilfunkverträgen subventionierte Hardware. Allerdings sind diese Subventionen unterschiedlich hoch. Fragen Sie daher im Vorfeld nach, um nicht später hohe Zuzahlungen zu den Handys leisten zu müssen.

Haben Sie nun die Angebote der Provider vorliegen, können Sie einen direkten Vergleich anstellen. Lassen Sie dabei Kleinstpositionen außen vor und konzentrieren Sie sich nach dem Pareto-Prinzip auf die wichtigen und hohen Kosten. Die Vorlage in Abbildung 9 kann Ihnen als Vergleichsmuster dienen.

	BA	A1	A2	...
Grundgebühr				
Taktung				
Intern (Mobil zu Fest)				
Intern (Mobil zu Mobil)				
Festnetz				
Netzintern/Mailbox				
Netzextern				
SMS				
Int. (Europa, USA, Kanada)				
Int. (Welt)				

Abbildung 9: Einzelpreisvergleich
BA = bisheriger Anbieter, A1 = Anbieter 1, A2 = Anbieter 2, Int. = Verbindungen ins Ausland.

Nun zum absoluten Preisvergleich. Die Summen können Sie mit Hilfe der folgenden Formel ermitteln:

Gesprächskosten des neuen Anbieters = (Gesprächskosten/Minutenpreis des bisherigen Anbieters) × Minutenpreis des neuen Anbieters

	A1	A2	...
Ersparnis in Euro (in 24 Monaten)			
Ersparnis in Prozent			

Abbildung 10: Ersparnis-Übersicht
A1 = Anbieter 1, A2 = Anbieter 2.

Das A – Z der Mobilfunkangebote

Flatrates: Der Begriff Flatrate weckt angenehme Gefühle bei uns. Im DSL-Bereich bedeutet das, eine kalkulierbare Gebühr zu bezahlen und dann unbegrenzt nutzen zu können. Diese angenehme Pauschalisierung lässt sich leider nicht eins zu eins auf den Mobilfunk übertragen. Die hier angebotenen Flatrates betreffen häufig nur Teilbereiche (z. B. firmenintern, ins nationale Festnetz, netzintern usw.). Selbst bei so genannten „Full-Flats" sind nur die nationalen Gespräche (ins deutsche Festnetz und in die deutschen Mobilfunknetze) inklusive, während Gespräche ins Ausland und zu Sonderrufnummern (z. B. 0180) gesondert in Rechnung gestellt werden. Trotzdem können auch die Mobilfunk-Flatrates durchaus sinnvoll sein und zur Kostenreduzierung beitragen. Sie sollten aber genau durchrechnen, ob sich eine Flatrate grundsätzlich lohnt und, wenn ja, für welche Bereiche..

GSM-Codes: GSM-Codes sind kurze Zeichenkombinationen, mit deren Hilfe Sie wichtige Funktionen im Handy (z. B. Rufumleitungen) programmieren können. Das Interessante daran ist, dass diese Codes unabhängig von Handymodell und Netzanbieter funktionieren. Eine Liste der wichtigsten GSM-Codes schicken wir Ihnen gerne zu, wenn Sie uns eine E-Mail an info@meipor.de schreiben.

Minutenpakete: Ein beliebtes Angebot der Mobilfunkfirmen sind so genannte Minutenpakete – z. B. die Relax-Tarife. Zum monatlichen Basispreis kann man ein Minutenkontingent erwerben und dieses dann abtelefonieren. Unserer Erfahrung nach lohnen sich solche Pakete nur, wenn man sehr konstant die Minutenzahl ziemlich genau trifft. Telefoniert man mal mehr oder weniger, ist der Tarif schnell unattraktiv.

Optionen: Bei vielen Anbietern können Sie Optionen buchen und so über einen kleinen Grundgebühraufschlag Gesprächskosten optimieren. Diese Optionen haben oft keine 24 Monate Laufzeit wie der Hauptvertrag. Meistens können Sie eine Option innerhalb einer Frist von drei Monaten wieder kündigen.

Rufnummernmitnahme: Im Geschäftskundenbereich besteht zu 90 Prozent der Wunsch, die bestehende Rufnummer zum neuen Anbieter mitzunehmen. Diese Rufnummernmitnahme ist heute kein Problem mehr – allerdings muss man warten, bis der bestehende Vertrag ausgelaufen ist, bevor die Nummer frei gegeben wird. Im Extremfall bedeutet das, dass man noch lange seinen teuren Tarif bezahlen muss, obwohl ein wesentlich besseres Angebot vorliegen würde. Wir empfehlen zu prüfen, welche Rufnummern wirklich wichtig sind, und nur diese zu portieren. Nummern, die hingegen nur intern verwendet werden oder wenig verbreitet sind, muss man nicht unbedingt mitnehmen, sondern kann stattdessen frühzeitig die Ersparnisse realisieren.

Taktung: Achten Sie besonders auf eine gute Taktung, wenn Sie häufig kurze Gespräche führen (z. B. kurze Nachricht auf die Mailbox). Akzeptabel sind 1/1 (sekundengenau) oder 10/10 (alle 10 Sekunden eine Abrechnungseinheit) Taktungen, während 60/1 (die erste Minute wird immer voll abgerechnet), 60/10 oder sogar 60/60 unattraktiv sind.

Lösungen für kleine Budgets

Kunden mit einer geringen Anzahl an Mobilfunkverträgen bekommen von den Mobilfunkprovidern normalerweise keine guten Rahmenverträge angeboten. Die Nachlässe und Sonderkonditionen, die es für Unternehmen mit einer einstelligen Anzahl an Mobilfunkverträgen gibt, sind bei allen Providern sehr bescheiden. Trotzdem gibt es einige Möglichkeiten für diese Firmen, an gute Rahmenverträge zu kommen:

➤ Fragen Sie nach, ob Sie zu einer Gruppe oder einem Verband gehören, für den es einen guten offenen Rahmenvertrag gibt.

➤ Sprechen Sie mit Mutter- oder Schwestergesellschaften, ob diese einen guten Rahmenvertrag haben, in den Sie ebenfalls einsteigen können, oder ob zumindest ein Pooling der Verhandlungsmacht möglich ist.

➤ Fragen Sie bei einem Einkaufs- oder Telekommunikationsmakler nach guten Konditionen. Diese Spezialisten haben aufgrund ihrer Stellung im Markt oft hervorragende Konditionen, die sie an ihre Kunden weitergeben dürfen.

Tipps im Überblick

Tipp 35: Sorgen Sie für homogene Verträge

Netzexterne Gespräche sind besonders teuer. Sorgen Sie deshalb dafür, dass Sie im Unternehmen alle Verträge im gleichen Netz haben. Gespräche untereinander sind dadurch bis zu 80 Prozent günstiger.

Tipp 36: Legen Sie im Vorfeld die Angebotsregeln fest

Wenn Sie sich Angebote einholen, legen Sie im Vorfeld fest, welche Konditionen und Faktoren für Sie wichtig sind. Andernfalls müssen Sie mit vielen kreativen Vorschlägen rechnen, die weder Ihrem Bedarf entsprechen noch für Sie ordentlich vergleichbar sind.

Tipp 37: Nutzen Sie offene Rahmenverträge

Lassen Sie sich von einem Telekommunikationsmakler auch offene Rahmenverträge anbieten. Die hinterlegten Konditionen sind häufig besser als die für Sie individuellen, da sie für eine höhere Vertragszahl abgeschlossen wurden.

Tipp 38: Prüfen Sie die Qualität mit einer Teststellung

Wenn Sie Zweifel an der Netzabdeckung und Qualität eines Providers haben, fragen Sie vor Vertragsabschluss eine Teststellung an. So können Sie herausfinden, ob der Anbieter Ihren Ansprüchen genügt.

Tipp 39: Sorgen Sie für einheitliche Hardware

Wenn Sie Ihre Mitarbeiter mit neuen Mobilfunkgeräten ausstatten, sollten Sie auf eine möglichst einheitliche Geräteauswahl achten. So können sich die Mitarbeiter mit den Geräten gegenseitig helfen, und Zubehör und Einbausätze können unabhängig von der einzelnen Person genutzt werden.

Tipp 40: Achten Sie auch auf weiche Faktoren

Gerade wenn mehrere Angebote auf ähnlichem Level liegen, wird der Blick in die weichen Faktoren sehr wichtig. Wie sieht es mit Service und Kulanz aus? Sind kleine Extras wie eine Twin-Card im Preis inbegriffen? Ist ein Tarifwechsel innerhalb der Laufzeit möglich? Diese Kleinigkeiten können auf Dauer eine Menge Geld sparen.

Tipp 41: Gutschrift statt Hardware

Wenn Sie bei Abschluss eines neuen Mobilfunk-Rahmenvertrages auf neue Hardware verzichten können (z. B. weil die bisherigen Geräte noch in gutem Zustand sind), sollten Sie sich stattdessen eine Gutschrift anbieten lassen. Achten Sie aber darauf, dass diese Gutschrift dem Wert der nicht beanspruchten Hardware entspricht. Freie Partner haben sogar die Möglichkeit, Ihnen an Stelle der Hardware die Subvention zu überweisen.

Tipp 42: Prüfen Sie, ob sich eine Flatrate lohnt

Auch wenn eine Flatrate komfortabel klingt, lohnt sie sich nicht immer. Rechnen Sie vorher genau durch, ob sich die zusätzliche Grundgebühr wirklich bezahlt macht.

Tipp 43: Vorsicht bei Minutenpaketen

Minutenpakete sind nur dann wirklich günstig, wenn man die Inklusiv-Minutenzahl ziemlich genau trifft. Bei deutlich mehr oder weniger Minuten fährt man vergleichsweise schlecht.

Tipp 44: Nicht jede Rufnummer ist wichtig

Ein sofortiger Wechsel kann häufig große Kostenvorteile mit sich bringen – besonders, wenn der neue Anbieter noch Anreize dafür schafft. Allerdings kann man seine Rufnummer aus dem alten Vertrag nur dann mitnehmen, wenn dieser bereits ausgelaufen ist. Oft lohnt es sich zu prüfen, ob wirklich alle Nummern portiert werden müssen oder ob nicht zumindest ein Teil der Verträge gleich auf den günstigeren Anbieter umgestellt werden kann. Für die weiterlaufende Grundgebühr des alten Vertrages wird häufig ein Ausgleich vom neuen Anbieter angeboten, wenn man sofort wechselt.

Tipp 45: Einzelne Verträge ausnehmen

Hin und wieder werden erstklassige Rahmenverträge nicht umgesetzt, weil deren Netzabdeckung bei einem oder zwei wichtigen Mitarbeitern nicht funktioniert. In diesem Fall sollte man überlegen, ob man nicht diese Mitarbeiter im bisherigen Netz und Vertrag belässt und den Rest umstellt. So wird zumindest ein Großteil der Ersparnis realisiert.

Tipp 46: Schalten Sie Ihre Mailbox im Ausland ab

Wenn Sie im Ausland einen Anruf auf Ihre Mailbox bekommen, zahlen Sie bis zu dreimal: Das erste Mal, wenn Ihnen jemand eine Nachricht hinterlässt, das zweite Mal, wenn Sie die Nachricht abhören und das dritte Mal, wenn Sie zurückrufen. Schalten Sie daher im Ausland lieber Ihre Mailbox ab und rufen Sie stattdessen die übertragenen Rufnummern direkt zurück.

9. Mobile Lösungen – Das Büro in der Aktentasche

Markt und Marktentwicklung

Mit der Einführung des UMTS-Standards in Deutschland hat auch das Interesse von Geschäftskunden an mobilen Lösungen stark zugenommen. Der verbesserte Netzausbau, höhere Übertragungsgeschwindigkeiten und nicht zuletzt fallende Preise haben diesen Trend sogar noch beschleunigt.

Heute nutzen viele Unternehmen mobile Lösungen, um ihre Produktivität zu erhöhen und ihren Service zu verbessern. Dazu einige Praxis-Beispiele:

Beispiel 1

Die Außendienstmitarbeiter einer Firma werden mit Laptopkarten ausgestattet, um beim Kunden aktuelle Präsentationen direkt aus dem Internet oder vom Server der Firma abrufen und präsentieren zu können – Vorteil: Aktualität und professioneller Auftritt beim Kunden.

Beispiel 2

Ein Kundenbetreuer bekommt mit Hilfe einer Blackberry-Lösung Zugang zu seinen E-Mails, seinem Terminkalender und dem Internet. So kann er die unproduktive Zeit zwischen zwei Terminen nutzen und schneller und flexibler reagieren – Vorteil: Schaffen produktiver Arbeitszeit und Verbesserung der Reaktionsgeschwindigkeit.

Beispiel 3

Ein Unternehmen ersetzt das Firmenfestnetz auf einem Werksgelände weitgehend durch Mobilfunkgeräte. Interne Flatrates und wegfallende Anschlussgebühren senken die Kosten. Die Mitarbeiter sind zudem überall auf dem Firmengelände mit Kurzwahlen erreichbar. Vorteil: Die Kosten werden gesenkt, Flexibilität und Erreichbarkeit werden verbessert.

Dank dieser Vorteile und vieler weiterer Möglichkeiten ist davon aus-
zugehen, dass sich der Trend zu mobilen Lösungen weiter verstärken
wird. Die Preise haben zwar noch Luft nach unten, stehen aber bereits
jetzt in einem sehr fairen Verhältnis zum Nutzen.

Ersparnispotenzial

Das Ersparnispotenzial bei mobilen Lösungen ist sehr hoch. Allerdings
geht es hierbei nicht darum, die Tarife um ein paar Euro zu optimieren,
sondern vor allem um die Möglichkeit, wertvolle Arbeitszeit zu gewinnen.

Die Formel für den Erfolg lautet also nicht „Wie mache ich aus 100
Euro Kosten 80 Euro?", sondern „Wie erreiche ich mit 50 Euro Einsatz 500 Euro an Prozesskostenvorteilen?". Es geht also um eine glatte
Verzehnfachung. Wie das aussehen kann, soll unser folgendes Praxis-
beispiel zeigen.

Beispiel

Aufgabenstellung: Ein Finanzdienstleister beauftragte uns, die Wartezeit
seines mobilen Außendienstes (z. B. zwischen zwei Kundenterminen) in
produktive Arbeitszeit zu verwandeln.

Lösungsansatz & Ergebnis: Wir statteten den mobilen Außendienst mit
UMTS-Datenkarten für die Laptops aus und sorgten dafür, dass die Mitarbeiter in den Leerlaufzeiten E-Mails, Internet und Terminkalender nutzen
konnten. Allein diese kleine Maßnahme sorgte bei einem Kapitaleinsatz
von 50 Euro pro Monat (bei sehr hoher Nutzung) für einen Prozesskosten-
vorteil von mehr als 500 Euro monatlich. Zudem stieg noch die Kundenzu-
friedenheit durch kürzere Reaktionszeiten in der E-Mail-Korrespondenz.

Die wichtigsten Optimierungsansätze

Eine vollständige mobile Lösung besteht aus den drei Komponenten
Hardware, Software und Datendienst. Alle drei Faktoren spielen bei
der Entscheidung für eine mobile Lösung eine Rolle und müssen unter
Kosten-Nutzen-Aspekten betrachtet werden. Dabei spielen nicht nur
die Anschaffungskosten, sondern auch die laufenden Gebühren eine
Rolle.

Hardware

Wenn es um mobilen Datenzugriff geht, stehen im Wesentlichen die Möglichkeiten eines Smartphones oder einer Datenkarte für den Laptop zur Verfügung. Wenn der Laptop als zu groß und unpraktisch für unterwegs ausgeschlossen wird, bleiben noch verschiedene andere Hardwarelösungen zur Auswahl.

Die Geräte unterscheiden sich vor allem durch Ausstattung und Softwaresystem, das ihnen zu Grunde liegt. Ein Spezialfall stellt das Blackberry von RIM dar, das durch seine spezielle Technologie besonders wenig Datenvolumen verbraucht und so bei den laufenden Kosten Vorteile bietet. Insbesondere bei Reisen ins Ausland, wo Datenverbindungen sehr teuer sind, kann dieser Vorteil wesentlich sein.

Software

Während Laptops in den meisten Fällen analog zur PC-Struktur in der Firma aufgebaut sind und vom Anwender somit keine Umstellung verlangen, wenn er sie mit einer mobilen Datenlösung benutzt, gibt es bei den Smartphones deutlich mehr Varianten.

Manche Geräte werden auf der Basis von Symbian-Technologie betrieben, während viele andere Geräte auf Windows-Mobile-Basis laufen. Blackberry wiederum benutzt eine eigene Software, und es gibt noch viele weitere Möglichkeiten.

Wichtig für Sie ist es zu prüfen, ob die genutzte Software kompatibel zur bestehenden Infrastruktur im Unternehmen ist und ob Ihre Mitarbeiter bereit sind, sich mit der Softwarebasis anzufreunden.

Datendienste

Alle deutschen Mobilfunkprovider bieten Datendienste auf der Basis monatlicher Gebühren an. Wählen können Sie zwischen verschieden dimensionierten Inklusivpaketen an Zeit oder Daten. Grundsätzlich gilt: Wenn Sie Ihren Verbrauch noch nicht einschätzen können, nehmen Sie zunächst ein kleines Paket – aufstocken können Sie immer noch.

Neben den Preisen der Mobilfunkprovider ist natürlich die Netzabdeckung eine ganz wesentliche Entscheidungsgrundlage. Hier empfiehlt sich eine Teststellung, wenn Sie sich nicht sicher sind, ob der Anbieter die gewünschte Qualität liefert.

Umsetzung im Detail

Nach den wesentlichen Komponenten für eine mobile Lösung wollen wir nun das Prozedere durchgehen, das bei der Einführung beachtet werden sollte. Idealerweise läuft der Beschaffungsvorgang in den drei Phasen Bedarfsermittlung, Lösungsfindung und Umsetzung ab. Im Detail sieht das so aus:

Bedarfsermittlung

Als ersten Schritt sollten Sie genau definieren, was Ihre mobile Lösung leisten soll bzw. was Sie sich davon versprechen. Überlegen Sie dabei auch, welche Mitarbeiter ausgestattet werden sollen, und binden Sie diese mit ein. Die wesentlichen Fragen, die Sie sich stellen müssen, sind:

> Wie schaffe ich es, dass meine Mitarbeiter mehr produktive Arbeitszeit zur Verfügung haben?

> Welche Vorteile ergeben sich daraus für die Kommunikation mit dem Kunden?

> Für welche Mitarbeiter ist eine solche Lösung sinnvoll?

Lösungsfindung

Wenn Sie wissen, was Sie wollen, müssen Sie aus den bestehenden Angeboten am Markt ein Paket aus Hardware, Software und Datendienst schnüren, das diese Anforderungen bedienen kann. Greifen Sie dabei möglichst auf weitgehend standardisierte und etablierte Lösungen zurück. Sie sind nicht nur günstiger, sondern auch besser skalierbar.

Bei der Lösungsfindung mit zu berücksichtigen ist natürlich auch der Kostenvergleich. Schauen Sie sich für jedes Angebotspaket die einmaligen und die laufenden Kosten an. Stellen Sie dann jeweils die obligatorische Return-of-Invest-Rechnung auf.

Einführung

Eine gute Einführung ist mit entscheidend für den Erfolg einer mobilen Lösung im Unternehmen. Eine noch so gute Hard- oder Software wird keine Effekte erzielen, wenn die Anwender sie nicht verstehen und daher nicht richtig einsetzen.

Achten Sie daher im Vorfeld darauf, dass Sie eine verständliche Lösung aussuchen und die Mitarbeiter eine qualifizierte Einführung oder sogar Schulung bekommen. Idealerweise werden die betroffenen Mitarbeiter von Anfang an mit eingebunden. Die Wahrscheinlichkeit einer hohen Akzeptanz wird dadurch erhöht.

Das A – Z der mobilen Lösungen

Blackberry: Blackberry ist ein vom kanadischen Hersteller RIM entwickeltes Smartphone, das speziell für mobiles E-Mailing konstruiert wurde. Die Push-Technologie meldet automatisch alle eingehenden E-Mails. Inzwischen ist das Blackberry auch in Deutschland weit verbreitet und findet vielfach Anwendung. Unter Kostenaspekten besonders angenehm ist der geringe Datenmengenverbrauch des Blackberry.

Flatrates: Echte mobile Datenflatrates, bei denen der Nutzer wirklich unbegrenzt Daten verbrauchen kann, gibt es bisher wenige. Allerdings haben alle Anbieter zumindest Pakete mit sehr hohen Inklusivvolumina im Angebot, die in der Praxis kaum erreicht werden.

Laptopkarten: Moderne Laptopkarten übertragen Daten über die Funkstandards GPRS, UMTS und WLAN. Je nach Verfügbarkeit wird die schnellstmögliche Verbindung genutzt. GPRS ist zwar die langsamste Verbindung, dafür aber fast überall verfügbar. UMTS ist dagegen deutlich schneller, aber noch nicht flächendeckend ausgebaut.

Netzabdeckung: Da der wichtigste Standard für mobile Lösungen UMTS ist, kommt es sehr darauf an, einen Anbieter mit einer guten UMTS-Netzabdeckung auszuwählen. Wenn Sie sich unklar darüber sind, ob Ihr Wunschanbieter die für Sie wichtigen Bereiche abdeckt, testen Sie lieber vor Vertragsabschluss.

Push-E-Mail: Das Push-E-Mail-Verfahren, das vom kanadischen Anbieter RIM entwickelt wurde, sorgt dafür, dass E-Mails automatisch bei Eingang abgeholt und gemeldet werden. Diese Funktionalität ist ein wesentliches Verkaufsargument der von RIM vertriebenen Blackberry-Geräte.

Smartphone: Ein Smartphone oder MDA (Mobile Digitale Assistent) ist eine Kombination aus Handy und Organizer. Moderne Smartphones haben fast schon den Charakter von Mini-Laptops, nur mit dem Unterschied, dass man damit auch telefonieren kann.

Teststellung: Viele Mobilfunkprovider bieten den Kunden in so genannten Teststellungen an, mobile Lösungen für einen begrenzten Zeitraum auszuprobieren. Gerade, wenn man sich nicht sicher ist, ob die Lösung für das eigene Unternehmen passend ist, macht eine Teststellung viel Sinn.

UMTS: UMTS ist ein Mobilfunkstandard, der deutlich höhere Transportgeschwindigkeiten erreicht als das alte GSM-Netz. Allerdings ist UMTS noch nicht überall verfügbar, und die Abdeckung ist von Provider zu Provider unterschiedlich.

Volumenbasierte Datentarife: Volumenbasierte Datentarife enthalten ein inklusives Datenvolumen, das zum Paketpreis verbraucht werden kann. Erst wenn dieses Volumen überschritten ist, fallen zusätzliche Gebühren an. Die Nutzungsdauer, z. B. für einen Aufenthalt im Internet, spielt hingegen keine Rolle.

Zeitbasierte Datentarife: Zeitbasierte Datentarife bieten zum Paketpreis ein inklusives Minutenvolumen. Erst wenn diese Zeit überschritten ist, fallen zusätzliche Gebühren an. Das innerhalb dieser Zeit transferierte Datenvolumen spielt keine Rolle.

Lösungen für kleine Budgets

Viele Firmen können von mobilen Lösungen profitieren und ihren Kunden dadurch schnellere Reaktionszeiten und bessere Erreichbarkeit bieten. Um die Kosten dafür im Griff zu halten, empfehlen sich folgende Maßnahmen:

➤ Nutzen Sie die Standardlösungen, die von den Mobilfunkprovidern angeboten werden – sie sind günstig und häufig zusätzlich subventioniert.

➤ Versuchen Sie Lösungen zu finden, die mit geringen Datenmengen auskommen, z. B. Blackberry.

➤ Versuchen Sie ohne eigenen Server auszukommen, da diese Lösungen deutlich teurer sind.

Tipps im Überblick

Tipp 47: Ermitteln Sie Ihren Bedarf

Definieren Sie im Vorfeld der Beschaffung genau, welches Ziel Sie mit der geplanten mobilen Lösung erreichen wollen und welche Mitarbeiter es betreffen wird. So legen Sie den Grundstein, um anschließend die richtige Wahl unter den Anbietern und Lösungen zu treffen.

Tipp 48: Favorisieren Sie standardisierte Lösungen

Gerade bei der Softwarekomponente gibt es sehr viele Angebote am Markt. Auch wenn Sie eine individuelle Lösung für Ihr Unternehmen brauchen, sollte sie doch so weit wie möglich auf etablierten Standards basieren. So vermeiden Sie Abhängigkeiten von einem Anbieter oder Entwicklungssackgassen.

Tipp 49: Funktional und wirtschaftlich auf drei Ebenen

Egal, welche Variante Sie für Ihr Unternehmen auswählen, sie sollte immer auf Hardware-, Software- und Datenebene funktional und wirtschaftlich sein. Machen Sie für alle in Frage kommenden Möglichkeiten eine ROI-Berechnung.

Tipp 50: Nutzen Sie Teststellungen

Es ist im Vorfeld schwer zu sagen, welches Paket Ihnen am besten zusagt. Nutzen Sie daher die vielfältigen Angebote einer Teststellung, um die Funktionalität in der Praxis zu erproben. Bei den Mobilfunkprovidern bekommen Sie häufig sogar kostenlose Teststellungen.

Tipp 51: Sorgen Sie für Akzeptanz bei den Anwendern

Um aus der Einführung einer mobilen Lösung einen Erfolg zu machen, brauchen Sie die Unterstützung und Akzeptanz bei den anwendenden Mitarbeitern. Ziehen Sie diese daher bereits in die Entscheidungsfindung mit ein und sorgen Sie für eine sorgfältige Einweisung oder Schulung.

Tipp 52: Setzen Sie Multicards für mehrere Geräte ein

Wenn Sie mehr als ein mobiles Gerät im Einsatz haben (z. B. Laptop mit Datenkarte und zusätzlich Blackberry), können Sie Vertragskosten sparen, indem Sie Multisimkarten einsetzen. Beide Geräte laufen damit über eine Datenoption, und Sie können die Kosten für einen zusätzlichen Vertrag sparen.

Tipp 53: Vorsicht vor Datenkosten im Ausland

Gerade bei international operierenden Firmen werden die Datenlösungen auch häufig im Ausland gebraucht. Die Auslandsverbindungen sind aber nicht in den nationalen Zeit- oder Datenpaketen enthalten und können damit schnell sehr teuer werden. Wenn Sie häufig und umfangreich Ihre Datenlösung im Ausland nutzen, sollten Sie daher spezielle Datenpakete für die Auslandsnutzung hinzu buchen, um die Kosten im Griff zu halten.

10. TK-Anlagen – Bereit für den technologischen Wandel

Markt und Marktentwicklung

In den letzten Jahren (seit der Jahrtausendwende) hat sich am TK-Anlagenmarkt ein umfassender technologischer Wandel vollzogen. Bedingt durch die Verschiebung weg von der klassischen (leitungsvermittelten) Telefontechnik hin zur paketvermittelten Datentechnik (Stichwort: Voice over IP) ist ein umfassender Austausch der alten Systeme notwendig geworden. Begünstigt wird dieser Prozess durch die technische Lebensdauer der Anlagen – dieser Rhythmus vollzieht sich innerhalb von fünf bis zehn Jahren.

Derzeit werden vielfach Hybridanlagen eingesetzt, die sowohl dem alten Standard (klassische Telefonleitungen), als auch den neuen Möglichkeiten (Telefonie über Datenleitungen) gerecht werden. In den nächsten Jahren ist sogar eine komplette Umstellung zu erwarten.

Verbunden mit dieser Entwicklung drängten zunehmend EDV-Unternehmen auf den Markt, während viele klassische Anbieter vom Markt verschwunden sind. Zusammen mit Globalisierungseffekten fand dadurch eine starke Konsolidierung am Markt statt.

Ersparnispotenzial

Bei TK-Anlagen-Angeboten muss man stark zwischen Listenpreisen (offizielle Verkaufspreise) und Marktpreisen (tatsächlich am Markt angebotene Preise) unterscheiden. Während in anderen Bereichen ein Nachlass von 20 Prozent auf den Listenpreis bereits ein gutes Ergebnis darstellt, sind im TK-Anlagen-Segment durchaus 50 Prozent machbar. Bei Projekten mit Großanlagen ist die Spanne sogar deutlich größer. Wenn es sich um ein Projekt mit einer hohen dreistelligen Anzahl an Nebenstellen handelt, sind zwischen 80 und 90 Prozent Rabatt auf den Listenpreis möglich.

Allerdings ist der Kunde in hohem Maße von einem guten Berater abhängig, der ein genaues und vollständiges Pflichtenheft für ihn erarbeitet. In der Konkurrenz- und Vergabesituation machen die Anbieter häufig Kampfpreise, versuchen aber über die Laufzeit ihre Rendite zu machen. Wurde also bei der Vergabe etwas Wichtiges vergessen, das später nachgerüstet werden muss, wird es in der Regel teuer. Der Anbieter unterliegt dann keinem Wettbewerb mehr und wird hohe Preise fordern.

Wie groß die Preis-Unterschiede bereits im kleineren Segment sein können, wollen wir anhand eines Beispiels aus der Praxis aufzeigen.

Beispiel 1

Aufgabenstellung: Ein mittelständischer Dienstleister beauftragte uns, für ihn ein gutes Angebot für eine TK-Anlage zu beschaffen. Die neue Anlage sollte für 30 Nebenstellen ausgelegt sein, die Möglichkeit der VoIP-Telefonie bieten und bei Bedarf weiter aufrüstbar sein.

Lösungsansatz & Ergebnis: In Zusammenarbeit mit einem Spezialisten erarbeiteten wir für den Kunden ein Bedarfsprofil und fragten mehrere ins Schema passende Anbieter an. Nach zwei Verhandlungsrunden lag zwischen dem besten und dem schlechtesten Angebot eine Differenz von rund 52 Prozent.

Die wichtigsten Optimierungsansätze

Um heute bei der Neubeschaffung einer TK-Anlage eine gute Wahl zu treffen, muss man drei wichtige Ansatzpunkte im Auge behalten: Wirtschaftlichkeit, Zukunftssicherheit und Flexibilität. Was darunter zu verstehen ist, wollen wir genauer beleuchten.

Wirtschaftlichkeit

Im letzen Abschnitt haben wir erläutert, dass es große Differenzen zwischen Listenpreisen und Marktpreisen gibt. Um einen guten Marktpreis zu erzielen, ist es notwendig, eine präzise Definition des eigenen Bedarfs zu erarbeiten und dann mit den dafür in Frage kommenden Anbietern ein passendes Ergebnis zu erzielen. Wie das genaue Vorgehen dafür aussieht, erläutern wir später. In jedem Fall sollten Sie darauf achten, dass nicht nur der Beschaffungspreis, sondern auch die Folgekosten für Service, Wartung usw. im grünen Bereich liegen.

Zukunftssicherheit

Unter Zukunftssicherheit verstehen wir, dass eine Anlage, die Sie heute anschaffen, mehrere Jahre in Benutzung bleiben kann. Gerade wenn Sie eine Anlage nicht nur leasen, sondern kaufen, sollten Sie dies mit Sicht auf fünf Jahre und mehr tun. Aktuell treffen Sie sicher mit einer Hybridanlage, die sowohl mit dem alten als auch mit dem neuen Standard zurechtkommt, eine gute Wahl.

Flexibilität

Da eine Telefonanlage auf einige Jahre ausgerichtet ist, muss sie auch in der Lage sein, sich an die Entwicklung der Firma anzupassen. Auch technologische Änderungen sollten implementierbar sein. Konkret könnte das bedeuten, dass sie auch für eine deutlich höhere Anzahl an Leitungen genutzt werden kann, als aktuell benötigt werden.

Umsetzung im Detail

Da es sich bei TK-Anlagen um ein sehr technisches und komplexes Produkt handelt, benötigt jedes Unternehmen ab einer gewissen Größenordnung einen spezialisierten Berater bei der Beschaffung. Ohne Hilfe können sehr viele Fehler entstehen, die später teuer werden können. Fehlentscheidungen können sowohl bei der Beschaffung als auch in der gesamten Nutzungszeit kostenwirksam werden.

Trotzdem wollen wir hier die grundsätzlichen Schritte benennen, die Sie bei der Beschaffung durchlaufen sollten:

1. **Bestandsanalyse:** Überprüfen Sie zunächst Ihren Ist-Zustand. Was leistet Ihre bisherige Anlage, was leistet sie nicht. Können Sie eventuell sinnvoll aufrüsten?

2. **Bedarfsanalyse:** Überlegen Sie genau, was Ihre Wunschanlage leisten muss und welche Ergänzungen wünschenswert wären, um Ihre gegenwärtigen und zukünftigen Anforderungen zu bedienen.

3. **Angebotsdefinition/Pflichtenheft:** Wenn Sie wissen, was Sie wollen, müssen Sie in Form eines Pflichtenheftes genau definieren, was Sie vom Anbieter erwarten. Das Pflichtenheft muss (unter fachspezifischen Gesichtspunkten) genau und vollständig abgefasst sein.

4. **Ausschreibung:** Prüfen Sie oder lassen Sie prüfen, welche Anbieter in der Lage sind, Ihnen ein bedarfsgerechtes Angebot zu machen, und fordern Sie auf dieser Basis deren Angebote an.

5. **Vergabegespräch:** Im Vergabegespräche mit den in Frage kommenden Anbietern besprechen Sie Feinheiten und verhandeln die Konditionen nochmals nach. Achten Sie insbesondere auf die Folgekosten, z. B. für Wartung. Viele Anbieter machen Kampfpreise, um sich den Kunden zu sichern, und kassieren bei den Folgekosten ab.

Das A – Z der TK-Anlagen

Gebrauchtanlagen: In den 90er-Jahren gab es einen florierenden Markt für gebrauchte Telefonanlagen. Dieser ist heute fast vollständig zum Erliegen gekommen. Zum einen will heute kaum noch jemand klassische Anlagen ohne VoIP-Ausstattung, zum anderen liegen die Marktpreise für neue Anlagen inzwischen fast auf gleichem Niveau.

Hybridanlagen: Hybridanlagen sind in der Lage, sowohl mit dem klassischen Telefonnetz wie auch mit dem modernen Datennetz zusammenzuarbeiten. Wenn Sie noch auf die klassische Lösung setzen, sich aber den Umstieg Richtung Voice over IP offen halten wollen, sind Sie mit einer Hybridanlage gut beraten.

Leitungsvermittelte Technologie: Unter leitungsvermittelter Technologie versteht man die Anbindung an das klassische Telefonnetz, die bereits über Jahrzehnte im Einsatz ist.

Paketvermittelte Technologie: Paketvermittelte Technologie transportiert die Spracheinheiten als Pakete über das Datennetz. Experten gehen davon aus, dass diese Technologie in einigen Jahren das klassische Telefonnetz ablösen wird.

Virtuelle TK-Anlage: Virtuelle TK-Anlagen bilden die Funktionen einer physischen TK-Anlage auf Basis einer Software oder zentral anbieterseitig ab. Sie haben dadurch die Möglichkeit, die Anschaffungskosten für eine TK-Anlage deutlich zu reduzieren, müssen dafür aber laufende Serviceentgelte in Kauf nehmen. Zudem funktionieren diese Systeme fast ausschließlich mit Voice over IP-Lösungen.

Voice over IP (VoIP): VoIP beschreibt die neue Art der Übertragungstechnik, die paketvermittelt stattfindet. Im Gegensatz dazu steht die alte, leitungsvermittelte Übertragungstechnik. Unter Kostenaspekten ist der VoIP-Anschluss nicht deutlich attraktiver als vergleichbare Preselection- oder Vollanschlusslösungen. Das Interessante daran ist vielmehr die Fülle an Möglichkeiten, die sich an Zusatzdiensten implementieren lässt.

Lösungen für kleine Budgets

Während bei größeren Projekten ein Berater fast unumgänglich ist, um ein gutes und vollständiges Angebot zu bekommen, stellt sich dieser Vorteil für kleinere Projekte nicht in diesem Umfang dar. Das Problem:

➤ Der Berater hat bei einem kleinen Unternehmen nicht wesentlich weniger Aufwand und wird dadurch ähnlich hohe Honorare in Rechnung stellen wie bei einem großen Kunden.

➤ Die Ersparnis ist aber aufgrund der geringeren Auftragshöhe entsprechend niedriger.

➤ Unterm Strich egalisieren sich oft Ersparnis und Honorar.

Für kleinere Projekte kann es daher ein sinnvoller Weg sein, mit einem guten Berater ein erfolgsabhängiges Modell zu vereinbaren. Der Berater wird dann z. B. nicht fix nach Stunden bezahlt, sondern an der erzielten Ersparnis beteiligt.

Tipps im Überblick

Tipp 54: Holen Sie sich einen Profi ins Boot

Der TK-Anlagen-Markt ist sehr techniklastig und komplex. Holen Sie sich für die Ausschreibung einen guten Berater – Sie erzielen damit bessere Ergebnisse und vermeiden teure Fehler.

Tipp 55: Vereinbaren Sie ein passendes Honorarmodell

TK-Anlagen-Berater arbeiten nach verschiedenen Entlohnungsmodellen (Stunden- oder Projekthonorar, Ersparnisbeteiligung usw.). Je größer das Projekt ist, desto besser fahren Sie mit einem Stundensatz. Für kleinere Projekte ist eine Ersparnisbeteiligung interessanter.

Tipp 56: Verfassen Sie vollständige Pflichtenhefte

Es ist sehr wichtig, auf vollständige Pflichtenhefte zu achten. Werden Komponenten erst nach Abschluss angefragt, sind sie in der Regel sehr teuer, weil der Anbieter dann nicht mehr im Wettbewerb steht.

Tipp 57: Prüfen Sie genau die Rechnungen

Prüfen Sie die Rechnungen Ihres Anlagenanbieters sehr genau. In dieser Branche werden Leistungen, die mit Sonderkonditionen vereinbart waren, oft zum Listenpreis abgerechnet.

Tipp 58: Achten Sie auf die Wartungsgebühren

Schließen Sie Wartungsverträge lieber mit kleinen aber kompetenten Resellern ab als mit großen Anlagenfirmen. Sie können so bei vergleichbarer Leistung zwei Drittel der Wartungskosten und mehr einsparen.

Tipp 59: Ausstiegsklausel

Achten Sie darauf, dass Sie eine Ausstiegsklausel aus den Wartungsverträgen haben, wenn die Anlage z. B. nicht mehr genutzt werden kann. Fehlt diese, müssen Sie für eine Leistung zahlen, die Sie nicht (mehr) benötigen.

Tipp 60: Vertragslaufzeiten

Vertragslaufzeiten von fünf Jahren sind heute üblich und in Ordnung. Früher waren Zehn-Jahres-Verträge üblich, sind heute aber nicht mehr akzeptabel. Verträge unter fünf Jahren sind vom Aufwand her wenig sinnvoll.

11. Lohn- und Personalbereich

Markt und Marktentwicklung

In vielen Unternehmen handelt es sich bei den Lohn- und Personalkosten um den mit Abstand umfangreichsten Kostenblock. Während der Finanzcontroller meistens nur einen geringen Einfluss auf die direkten Lohnkosten hat, kann er bei der Optimierung der Lohnnebenkosten die Personalabteilung tatkräftig unterstützen. Folgende Ansatzpunkte für die Reduzierung der Kosten im Lohn- und Personalbereich haben wir in mittelständischen Unternehmen ausgemacht:

➤ Reduzierung der Sozialversicherungsbeiträge durch Gehaltsumwandlung im Rahmen der betrieblichen Altersvorsorge (bAV) und Gehaltsumwandlung in Form von Sachleistungen (z. B. Dienstwagen).

➤ Reduzierung der Sozialversicherungsbeiträge durch Wechsel des Arbeitnehmers in eine gesetzliche Krankenversicherung mit günstigeren Beiträgen.

➤ Einsatz von so genannten Arbeitszeitkonten-Modellen, wenn die Arbeitsbelastung saisonal oder über Jahre verteilt sehr unterschiedlich ist.

➤ Reduzierung der Verwaltungskosten durch Outsourcing von Lohn- und Gehaltsbuchhaltung, der Personalabteilung und sonstigen administrativen Abteilungen.

Das Einsparpotenzial ist allerdings häufig eingeschränkt, weil viele Einsparungen zeitlich begrenzt sind (z. B. die gesetzliche Krankenversicherung bis zur Umsetzung der Gesundheitsreform) oder Einsparpotenziale schon weitgehend realisiert wurden (z. B. die Gehaltsumwandlung in der betrieblichen Altersvorsorge).

Der Trend geht daher eher dazu, dem Mitarbeiter ein geringeres Nettogehalt zu zahlen, ihm dafür aber viele Firmenvergünstigungen einzuräumen. Eine oft angebotene Möglichkeit ist der Dienstwagen, der auch privat genutzt werden kann. In vielen Fällen ist allerdings zu beachten, dass der Mitarbeiter den geldwerten Vorteil dieser Leistungen versteuern muss.

Die Kunst erfolgreicher Unternehmen besteht darin, die für sie geeigneten Mitarbeiter zu finden und ihnen ein Arbeitsumfeld zu bieten, in dem sie sich wohl fühlen. Dadurch entfalten die Mitarbeiter ihre volle Arbeitskraft und bleiben dem Unternehmen lange treu. Positive Folge der geringen Fluktuation: Deutlich geringere Verwaltungs-, Einarbeitungs- und Know-how-Verlust-Kosten.

Ersparnispotenzial

Da es sich hier um ein sehr individuelles Thema handelt und viele Einschränkungen vorliegen, kann man hinsichtlich des Einsparpotenzials keine allgemeingültigen Aussagen treffen. Die häufigsten Ansatzmöglichkeiten in der Praxis sind:

➤ Integration von vermögenswirksamen Leistungen in ein Konzept zur betrieblichen Altersvorsorge.

➤ Einführung von Gehaltsumwandlungsmodellen.

➤ Auslagerung von Verwaltungsaufgaben.

➤ Finanzielle Einbeziehung der Krankenkassen in Präventionsmaßnahmen.

Da die direkte Senkung der Kosten im Lohn- und Personalsegment pro Mitarbeiter bei meist unter 100 Euro im Monat liegt, lohnt sich eine genauere Analyse und Umsetzung solcher Maßnahmen nur für Unternehmen mit mehr als 200 Mitarbeitern. Allerdings werden dann häufig neben den Kostenzielen auch strukturelle Ziele verfolgt. Dazu ein Beispiel aus der Praxis.

Beispiel

Aufgabenstellung: Ein Unternehmen mit rund 300 Mitarbeitern beauftragte uns, die Möglichkeiten eines Outsourcings für die Lohnbuchhaltung zu prüfen. Zu berücksichtigen war, dass neben der Zentrale noch mehrere Tochtergesellschaften und Niederlassungen bestanden und die Anzahl der Standorte noch erhöht werden sollte.

Lösungsansatz & Ergebnis: Wir konnten eine Lösung aufzeigen, wie die Kosten für die Lohn- und Finanzbuchhaltung um mehr als 250 000 EUR gesenkt werden können. Das Mittel zum Erfolg war, die Finanz- und Lohnbuchhaltung nach einem skalierbaren Konzept auszulagern. Dadurch wurden nicht nur die Kosten gesenkt, sondern das kontrollierte Wachstum des Unternehmens weiterhin ermöglicht. Unnötige Ausgaben durch die Verwaltungsabteilungen an mehreren Standorten wurden vermieden.

Die wichtigsten Optimierungsansätze

Die drei wichtigsten Ansätze zur Reduzierung der Kosten im Personal-
und Lohnbereich lauten: Steigerung der Arbeitsproduktivität durch zu-
friedene Mitarbeiter, Senkung der Lohnnebenkosten und Outsourcing
von Teilaufgaben der Personalabteilung. Dazu im Einzelnen:

Mitarbeitermotivation

Es wird Sie vielleicht überraschen, dass diese erste Maßnahme eher mit
Ausgaben als mit Kostensenkungen zu tun hat. Aber letztlich zählt bei
jeder Maßnahme nur, ob sie sich mittel- und langfristig für das Unternehmen lohnt. Deshalb kann es manchmal wertvoller sein, zukünftig
anfallende Kosten zu vermeiden, als bestehende Kosten kurzfristig zu
reduzieren.

Hohe Kosten fallen durch häufige Mitarbeiterfluktuation an. Neben
dem administrativen Aufwand verursachen vor allem die Einarbei-
tungszeiten und der Know-how-Verlust Kosten. Deshalb ist es wichtig,
ein positives Arbeitsklima und Arbeitsumfeld zu schaffen, um die pro-
duktiven und erfolgreichen Mitarbeiter langfristig an das Unternehmen zu binden.

Lohnnebenkosten-Senkung

Es besteht die Möglichkeit, durch Gehaltsumwandlung im Rahmen der
betrieblichen Altersvorsorge Sozialversicherungsbeiträge einzusparen.
Da das mittlerweile seit vielen Jahren bekannt ist, gibt es in den meisten Unternehmen Modelle dazu. Allerdings werden diese Modelle
nicht immer konsequent umgesetzt. Die vermögenswirksamen Leistungen werden z. B. nur selten in ein intelligentes Gesamtkonzept eingebunden.

Weniger bekannt bzw. gängig sind andere Gehaltsumwandlungsmodel-
le, indem z. B. dem Mitarbeiter ein Firmenwagen für die private Nutzung zur Verfügung gestellt wird. Dem zu versteuernden geldwerten
Vorteil stehen zahlreiche Ersparnisse bzw. Vergünstigungen gegenüber.
Der Mitarbeiter muss z. B. kein Initialkapital aufwenden, um sich ein
schickes Auto leisten zu können. Zudem ist die monatliche Leasingrate
geringer, als wenn man privat ein Auto least, da das Unternehmen
günstigere Einkaufskonditionen und Versicherungskonditionen erhält.
Zudem können Mehrwertsteuer und Sozialabgaben eingespart werden.

Bei Saisonarbeitern oder Mitarbeitern, die längere Pausen einlegen, kann man über so genannte Arbeitszeitkontenmodelle nachdenken. Durch die Auszahlung eines monatlich gleich bleibenden Einkommens, indem die Spitzen durch Ausfallzeiten ausgeglichen werden, entstehen geringere Steuer- und zum Teil auch Sozialabgabenbelastungen für die Mitarbeiter. Die Folge ist ein höheres Nettoeinkommen.

Outsourcing von Teilaufgaben

Gegenüber einer Auslagerung von Verwaltungsaufgaben sind viele Entscheidungsträger mittelständischer Firmen vorsichtig bis negativ eingestellt. Sie befürchten, die Kontrolle über ihre Daten und Prozesse zu verlieren. Diese Haltung ändert sich meistens dann, wenn der interne Mitarbeiter, der das Thema über lange Jahre betreut hat, das Unternehmen verlässt und eine neue Lösung gefunden werden muss.

Vorteile eines externen Partners liegen in einer günstigen und skalierbaren Lösung, während als Kehrseite die Schnittstellenproblematik zu lösen ist. Grundsätzlich geht es bei der Auslagerung von Dienstleistungen weniger darum, die Kosten zu senken, sondern eine gleich bleibend hohe Qualität zu sichern. Weiterhin sollte man die rechtlichen Aspekte nicht unterschätzen. Einen internen Mitarbeiter kann man nur schwer für seine verursachten Schäden zur Rechenschaft ziehen. Wird jedoch ein externes Unternehmen mit den Aufgaben betreut, haftet es auch für Schäden, die seine Mitarbeiter verursacht haben.

Umsetzung im Detail

Wie bereits angesprochen ist eine Optimierung in diesem Segment eine individuelle Angelegenheit. Es ist daher für jedes Unternehmen individuell zu prüfen, welche der folgenden Maßnahmen im Einzelfall sinnvoll sind.

Betriebliche Altersvorsorge

Die betriebliche Altersvorsorge ist heute in den meisten Unternehmen eingerichtet. Allerdings lohnt es sich zu prüfen, wie hoch der Anteil der Mitarbeiter ist, die das Angebot wahrgenommen haben. Ist die Umsetzungsquote noch unter fünfzig Prozent, kann ein weiterer Anlauf zur Information und Motivation der Angestellten gemacht werden. Als Partner empfehlen wir einen guten Versicherungsmakler.

Achten Sie auch darauf, dass Sie von allen Mitarbeitern, die keine bAV in Anspruch nehmen wollen, eine schriftliche Bestätigung haben, dass sie umfassend über die Möglichkeiten informiert wurden. Fehlt diese in der Personalakte, können später juristische Probleme entstehen.

Für Mitarbeiter, die ans Unternehmen gebunden werden sollen, ist eine Firmenzulage zur betrieblichen Altersvorsorge sinnvoll. Dabei können auch vermögenswirksame Leistungen einbezogen werden.

Gesetzliche Krankenversicherung

Bisher war es für Firmen ein lohnendes Unterfangen, ihre Mitarbeiter zum Wechsel in eine günstigere gesetzliche Krankenversicherung zu motivieren. Immerhin sparen sowohl Arbeitgeber als auch Arbeitnehmer dabei bares Geld. Mit der Gesundheitsreform wird diese Maßnahme aber voraussichtlich ihre Wirkung verlieren und muss daher auf Aufwand und Nutzen überprüft werden.

Stattdessen sollte man sich informieren, bei welchen Krankenkassen die meisten Mitarbeiter versichert sind. Mit den betreffenden Kassen kann man dann über Gruppen-Präventionsmaßnahmen sprechen, die von der Krankenkasse übernommen werden und die Krankenstände positiv beeinflussen.

Arbeitszeitkonten

Arbeitszeitkonten bieten sich für Unternehmen an, die ein stark schwankendes Auftragsaufkommen (z. B. saisonal bedingt) haben, so dass es für die Mitarbeiter zu verschiedenen Zeitpunkten zu unterschiedlich hohen Arbeitsbelastungen kommt. Mit Hilfe der Konten kann eine Glättung erzielt und können Steuern reduziert werden.

Outsourcing

Beim Thema Outsourcing müssen Sie sich in erster Linie fragen, wo Outsourcing für Ihr Unternehmen Nutzen bringen kann. In welchen Bereichen können Sie Leistungen extern günstiger, besser oder flexibler abwickeln lassen als im eigenen Unternehmen? In einigen, standardisierten Bereichen, wie der Lohnbuchhaltung, gibt es dafür sehr gute Spezialisten.

Das A – Z der Lohn- und Personalkosten

Betriebliche Altersvorsorge (bAV): Die betriebliche Altersvorsorge ermöglicht es Arbeitnehmern in Deutschland, über ihren Arbeitgeber Kapital für das Rentenalter zu bilden. Arbeitgeber und Arbeitnehmer generieren dabei steuerliche Vorteile.

Gehaltsumwandlung: Bei der Gehaltsumwandlung wird ein Teil des Bruttogehaltes eines Arbeitnehmers automatisch in die betriebliche Altersvorsorge investiert.

Geldwerter Vorteil: Als geldwerten Vorteil bezeichnet man Einnahmen, die nicht aus Geld, sondern aus Sachleistungen bestehen (z. B. ein Dienstwagen, der auch privat genutzt werden kann). Ein geldwerter Vorteil gehört grundsätzlich zum steuerpflichtigen Arbeitslohn.

Lohnnebenkosten: Unter Lohnnebenkosten versteht man in Deutschland hauptsächlich die gesetzlichen Beiträge zur Renten-, Kranken-, Pflege- und Arbeitslosenversicherung.

Lösungen für kleine Budgets

Unternehmen mit kleinen Budgets müssen besonders darauf achten, keine Ressourcen im Haus aufzubauen, die nicht wirtschaftlich sind und nicht langfristig benötigt werden. Folgende Möglichkeiten können das Fehlen kurzfristig benötigter interner Ressourcen kompensieren und gleichzeitig eine rechtliche Absicherung bieten:

➤ Ein oder mehrere eigene Mitarbeiter für die Finanz- und Lohnbuchhaltung lohnen sich erst ab einer bestimmten Unternehmensgröße. Kleinere Mittelständler können stattdessen die Finanz- und Lohnbuchhaltung kostengünstig outsourcen. Neben dem eigenen Steuerberater gibt es gerade für diese Standardbereiche günstige und professionelle Spezialisten.

➤ Wenn Mitarbeiter nur für einen kürzeren Zeitraum benötigt werden, bietet sich die Beauftragung von Zeitarbeitsfirmen an. Als Langfristlösung sind Zeitarbeitskräfte allerdings nicht geeignet, da man nicht ein und denselben Mitarbeiter über mehrere Jahre über eine Zeitarbeitsfirma anstellen kann – man kann ihn höchstens übernehmen.

➤ Wo Menschen ihre Arbeit verrichten, können Fehler passieren. Doch wer haftet für diese Fehler? Und kann man sich dagegen versichern? Bei angestellten Mitarbeitern ist das in der Regel nicht möglich. Bei externen Beratern und Partnern dagegen stehen für einen entstandenen Schaden deren Vermögensschadenshaftpflichtversicherungen gerade.

Tipps im Überblick

Tipp 61: Schenken Sie Mitarbeitern Freiraum

Mitarbeiter fühlen sich wohl, wenn sie einen gewissen Freiraum besitzen und ihnen ein Basisvertrauen entgegengebracht wird. Das fängt schon damit an, dass sich zum Beispiel Mitarbeiter ihre Büroausstattung für den Arbeitsplatz unter der Berücksichtigung eines gewissen Finanzrahmens selber aussuchen dürfen. Viele weitere vertrauensbildende Maßnahmen dagegen verursachen gar keine Kosten und motivieren die Mitarbeiter zu Höchstleistungen.

Tipp 62: Reduzieren Sie unnötige Verwaltungsaufgaben

In vielen Unternehmen werden Mitarbeiter durch die Pflichtteilnahme an internen Meetings und die Beachtung von unzähligen Verwaltungsvorschriften daran gehindert, produktiv für das Unternehmen tätig zu werden. Weniger ist hier meistens mehr.

Tipp 63: Führen Sie ein Ideenmanagement ein

Belohnen Sie Ihre Mitarbeiter, wenn sie gute Ideen einbringen, durch die die Betriebsprozesse optimiert, Kosten gesenkt oder Umsätze gesteigert werden können. Die Kosten für Erfolgsprämien sind oft besser angelegt als die für externe Unternehmensberater.

Tipp 64: Binden Sie gute Mitarbeiter

Der Wettbewerb um gute Mitarbeiter wird durch den demographischen Wandel in den nächsten Jahren immer härter. Betrachten Sie deshalb eine firmenfinanzierte Altersvorsorge für die Mitarbeiter nicht alleine als gute Tat, sondern als Bindungsmaßnahme und Investition in eine geringere Mitarbeiterfluktuation.

Tipp 65: Einkaufsvorteile für Mitarbeiter

Wenn Sie sich als Unternehmen dafür einsetzen, dass Ihre Mitarbeiter die Rahmenkonditionen der Firma z. B. bei einem Autokauf nutzen können, dann handelt es sich um einen geldwerten Vorteil, der entsprechend vom Mitarbeiter zu versteuern ist. Deshalb kann es sich anbieten, den Service einer Mitarbeitereinkaufsgemeinschaft zu nutzen. Bei entsprechender vertraglicher Regelung müssen Einkaufsrabatte hier nicht von den Mitarbeitern versteuert werden.

Tipp 66: Einbinden der gesetzlichen Krankenversicherung in die Gesundheitsprophylaxe

Wenn eine bestimmte Anzahl von Mitarbeitern bei einer gesetzlichen Krankenversicherung (GKV) Mitglied ist, können Sie mit der betreffenden Kasse häufig individuelle Kurse oder Prophylaxemaßnahmen für die Mitarbeiter vereinbaren. Deshalb sollte man als Unternehmen jederzeit den Überblick haben, welche Mitarbeiter bei welcher GKV versichert sind, um bei einer entsprechenden Bündelung die Kasse um Unterstützung bitten zu können.

12. Büromaterial – Optimierung nach dem Pareto-Prinzip

Markt und Marktentwicklung

In den letzten Jahren hat eine starke Konsolidierung im Bereich der Büromaterialhändler stattgefunden. Viele kleine und mittelständische Lieferanten gaben ihr Geschäft auf, wurden übernommen oder schlossen sich zu Genossenschaften zusammen.

Schuld an dieser Entwicklung sind unter anderem die großen Versandhändler, die umfangreiche Marktanteile gewinnen konnten. Mit aggressiver Werbung und dem Image, günstig zu sein, positionierten sie sich vor allem im Mittelstand. Der Nachteil der Versandhändler: Service, persönliche Betreuung und der Partner vor Ort fehlen bei diesem Konzept. Im Gegensatz zum Fachhändler kennt der Versender seine Kunden nicht persönlich. Anfragen, Beschwerden usw. werden über große Call-Center abgewickelt.

Auf der anderen Seite stehen die Fachhändler, die zwar Vorteile wie persönliche Betreuung und einen Ansprechpartner vor Ort bieten können, dafür aber das Image haben, relativ teuer zu sein. Im Folgenden wollen wir das Image von Versandhändlern und Fachhändlern prüfen und die Ersparnispotenziale im Büromaterial-Markt aufzeigen.

Ersparnispotenzial

Ein perfektes Marketing hat dafür gesorgt, dass die großen Versandhändler das Image haben, sehr günstig zu sein. Unsere Erfahrung hingegen ist eine andere. Jeder Versandhandelskatalog hat ein paar Lockangebote auf der Titelseite, die als Preisknüller im Gedächtnis bleiben, aber nicht unbedingt dem entsprechen, was der Mittelstandskunde häufig benötigt.

Alles andere im Katalog ist hingegen meist überdurchschnittlich teuer – unterm Strich die perfekte Mischkalkulation, die den Anbietern das positive Image und eine hohe Rendite bringt. Hinzu kommt, dass im

Laufe der Zeit gerne schleichende Preiserhöhungen durchgeführt werden.

Diese Faktoren führen dazu, dass im klassischen Büromaterialmarkt oft Kostenersparnisse zwischen 20 und 35 Prozent zu realisieren sind. Selbst im engen EDV-Zubehörmarkt sind noch 5 bis 10 Prozent möglich. Dazu zwei Beispiele aus der Praxis.

Beispiel 1

Aufgabenstellung: Ein Tochterunternehmen eines deutschen Konzerns, das bis dahin jährlich für eine fünfstellige Summe bei einem der großen Versandhändler bestellte und glaubte, günstig einzukaufen, beauftragte uns, einen Kostencheck vorzunehmen.

Lösungsansatz & Ergebnis: Die Ersparnisanalyse überraschte nicht nur unseren Kunden, sondern sogar uns selbst. Auf den klassischen Büromaterialbereich konnten wir für den Kunden eine Ersparnis von mehr als 37 Prozent erzielen und auch beim EDV-Zubehör waren noch 11 Prozent möglich. Zudem bekam der Kunde bei dem neuen Anbieter ein größeres Sortiment zur Auswahl sowie ein verbessertes Servicepaket (z. B. kostenfreie Lieferungen ohne Mindestumsatz) geboten.

Beispiel 2

Aufgabenstellung: Ein städtisches Unternehmen, das bei einem lokalen Fachhändler bestellte, war zwar grundsätzlich mit den Preisen zufrieden, Service und Abwicklung hatten aber mit der Zeit nachgelassen. So musste es oft mehrere Tage auf einige Teile seiner Bestellung warten, während andere kurzfristig geliefert wurden. Das führte wiederum zu vielen kleinen Rechnungen und erhöhtem Prozessaufwand. Der Kunde bat uns daher, ihm einen Anbieter zu vermitteln, der vergleichbar günstig sei, aber besseren Service biete.

Lösungsansatz & Ergebnis: Obwohl es nicht das eigentliche Ziel der Analyse war, konnten wir unserem Kunden einen Anbieter vermitteln, der seine klassischen Büromaterialkosten um 21 Prozent und die EDV-Zubehörkosten um 7 Prozent reduzieren konnte. Alle wichtigen Artikel konnten innerhalb von 24 Stunden vollständig und kostenfrei geliefert werden und der Kunde erhielt eine monatliche Sammelrechnung.

Wir sehen also: Die Versandhändler sind durchschnittlich teurer als die Fachhändler vor Ort. Aber auch bei den Fachhändlern ist nicht alles Gold, was glänzt – mit dem falschen Partner hat man mit Problemen wie Teillieferungen, unübersichtlicher Rechnungsstellung und langen Lieferzeiten zu kämpfen.

Die wichtigsten Optimierungsansätze

Kostenoptimierung im Büromaterialsektor ist eine sehr sinnvolle Sache, die langfristig eine Menge Geld sparen kann. Besonders interessant wird es dann, wenn auch die Prozesskostenschiene berücksichtigt und aktiv mit eingebunden wird.

Analyse nach dem Pareto-Prinzip

Wenn Sie sich Vergleichsangebote von Büromaterialhändlern kommen lassen, sollten Sie keine Liste mit mehreren hundert Positionen erstellen, die Sie im Laufe eines Jahres bestellen. Das macht nicht nur Ihnen eine Menge Arbeit, sondern auch dem Anbieter. Die Wahrscheinlichkeit, dass ein paar sehr interessante Anbieter sich diese Mühe (mit ungewissem Lohn) gar nicht erst machen, ist sehr hoch.

Die Alternative, mit der wir in unserer täglichen Praxis sehr gute Erfahrungen machen, ist eine Vergleichsliste nach dem Pareto-Prinzip. Erstellen Sie einfach eine Übersicht der 10 bis 20 Produkte, mit denen Sie jedes Jahr die meisten Kosten produzieren, und lassen Sie sich dafür Angebote machen. So bleibt der Aufwand sowohl für Sie als auch für die Lieferanten überschaubar und Sie bekommen trotzdem aussagekräftige Ergebnisse.

Bestellung aus einer Hand

Manche Unternehmen versprechen sich einen Vorteil davon, ihr Büromaterial bei mehreren Anbietern zu bestellen. Leider werden die Kosten dadurch nicht reduziert, sondern im Gegenteil erhöht.

Erstens ist der Aufwand sehr groß, immer in mehreren Katalogen zu vergleichen, wer gerade das um zehn Cent günstigere Angebot hat. Gemessen am Warenwert entstehen dadurch viel zu hohe Prozesskosten.

Zweitens produzieren Sie einen Berg an Kleinstrechnungen und Versandkosten, die unterm Strich jede Ersparnis übersteigen. Zudem belasten Sie Ihre Buchhaltung mit den vielen Belegen.

Drittens werden Sie auf diese Weise bei keinem Anbieter ein wirklich guter Kunde sein und auch nicht die Privilegien eines solchen genießen.

Fazit: Suchen Sie sich lieber einen guten Lieferanten, bei dem Sie im Durchschnitt gute Preise, einen guten Service und einen festen Ansprechpartner bekommen. So werden auch kleine Probleme immer schnell gelöst.

Laufende Optimierung

Während schlechte Lieferanten mit der Zeit schleichend die Preise erhöhen, helfen Ihnen gute Partner bei der laufenden Optimierung. Vereinbaren Sie mit dem Lieferanten Ihrer Wahl, in regelmäßigen Abständen (z. B. alle sechs Monate) einen Check vorzunehmen.

Fragen Sie nach Hinweisen, wie Sie Prozesse effizienter gestalten können (z. B. durch die Nutzung eines Webshops mit Standardwarenkorb), oder lassen Sie sich Hinweise zu gleichwertigen Produkten geben, die es von einer anderen Marke deutlich günstiger gibt.

Umsetzung im Detail

Wie bereits erklärt, macht ein Vergleich nach dem Pareto-Prinzip beim Büromaterial am meisten Sinn. Achten Sie darauf, dass Sie die wichtigsten Artikel nach dem Gesamtumsatz gewichten.

	A1	**A2**	**...**
Artikel 1			
Artikel 2			
Artikel 3			
Artikel 4			
Artikel 5			
Artikel 6			
Artikel 7			
Artikel 8			
Artikel 9			
...			

Abbildung 11: Büroartikelvergleich nach dem Pareto-Prinzip
A1 = Anbieter 1, A2 = Anbieter 2.

Zu dem reinen Preisvergleich gibt es zusätzlich ein paar sehr wichtige weiche Faktoren, die Sie unbedingt beachten sollten.

Checkliste für die weichen Faktoren

✓ Ansprechpartner: Nichts ist nerviger als ein Call-Center, wenn Sie ein Problem haben. Lassen Sie sich einen persönlichen Ansprechpartner geben.

✓ Bestellwege: Sie sollten die Möglichkeit haben, entsprechend Ihren Wünschen per Telefon, Fax oder Webshop zu bestellen.

✓ Bevorratung: Sie können mit Ihrem Händler abstimmen, dass er Ihre wichtigsten Artikel immer auf Lager hat, und sich dadurch die Bevorratung im eigenen Haus sparen.

✓ Liefergeschwindigkeit: Ein guter Lieferant sollte in der Lage sein, Ihnen alle wichtigen und gebräuchlichen Artikel innerhalb von 24 Stunden zu liefern.

✓ Nähe: Ein Partner vor Ort kann in dringenden Fällen auch mal innerhalb einer Stunde reagieren.

✓ Rechnungsstellung: Vereinbaren Sie mit Ihrem Anbieter eine monatliche Sammelrechnung. Ihre Buchhaltung dankt es Ihnen.

✓ Skonto: Lassen Sie sich im Gegenzug für die Abbuchungsgenehmigung ein Skonto einräumen (zwei Prozent sind üblich).

✓ Versandkosten: Achten Sie auf die Versandkosten. Ab einem gewissen Bestellwert (oft 50 Euro) sollten sie entfallen – im besten Fall entfallen sie grundsätzlich.

✓ Vollsortimenter: Bei einem guten Partner für Büromaterial bekommen Sie alles, was Sie in diesem Segment benötigen. 20 000 bis 25 000 Artikel dürfen Sie erwarten.

✓ Kickback-Vereinbarungen: Fragen Sie Ihren Anbieter nach einer Kickback-Regelung, wenn Sie bestimmte Umsatzgrenzen erreichen – so haben Sie noch mal eine schöne Überraschung zu Weihnachten.

Das A – Z der Büromaterialbeschaffung

E-Procurement: Bestellung über ein EDV-System, das als Schnittstelle zur Warenwirtschaft dient. Im Mittelstand ist diese Lösung nicht wirklich etabliert, da sie sehr technisch ist und beim Personal wenig Akzeptanz findet. Geeigneter und akzeptierter ist ein gut strukturierter Onlineshop.

Kostenstellenbelieferung: Pakete werden kostenstellenbezogen verpackt und bei der Poststelle des Kunden angeliefert. Die Pakete werden dann über die Hauspost verteilt. Vorteil: Jede Abteilung bekommt genau die benötigten Materialien, ohne dass der Lieferant (wie bei der Schreibtischbelieferung) die Arbeitsprozesse im Unternehmen stört.

Outsourcing: Der Lieferant sorgt für Lieferbarkeit und Vorhaltung der Materialien und kann innerhalb weniger Stunden liefern. Die Bevorratung im Unternehmen kann daher ausgeschlossen werden.

Preisschwankungen: Einige Produkte wie Tinte/Toner und Papier schwanken im Preis, da sie an die Rohstoffmärkte gekoppelt sind. Im Idealfall können Sie mit Ihrem Anbieter einen Festpreis auf ein Jahr verhandeln und haben damit eine gewisse Planungssicherheit.

Purchasing Card: Purchasing Cards werden in Unternehmen eingesetzt, um mehr Überblick und Kontrolle über kleine Ausgabenpositionen zu erzielen. Sie werden von Kreditkartenunternehmen angeboten, die für einen kleinen Verwaltungsaufschlag konsolidierte Reports, firmenzentrale Abrechnungen und ähnliche Mehrwertdienstleistungen anbieten. Das Segment Büromaterial eignet sich gut dafür.

Schreibtischbelieferung: Der Kunde bekommt die für ihn bestimmten Materialien direkt auf den Schreibtisch. Nachteil: Er wird bei der Arbeit unterbrochen und das Prozedere ist für den Lieferanten teurer – daher höhere Preise. Das Modell ist weitgehend von der Kostenstellenbelieferung abgelöst.

Teillieferungen: Schlecht organisierte und finanziell schlecht aufgestellte Lieferanten sind häufig nur in der Lage, die bestellte Ware in mehreren Teillieferungen zu liefern. Dies sollte für Sie ein Alarmzeichen sein. Zum einen gibt es Ihren Lieferanten vermutlich nicht mehr lange, zum anderen verursacht er Ihnen unnötige Prozesskosten.

Teilsortimenter: Ein Teilsortimenter hat nur etwa 3 000 bis 5 000 Artikel im Programm. Viele Katalogversender sind nur als Teilsortimenter tätig.

Vollsortimenter: Ein Vollsortimenter bietet rund 20 000 bis 25 000 Artikel, während Teilsortimenter (zu denen viele Versender gehören) nur 3 000 bis 5 000 Artikel im Programm haben.

Werbegeschenke: Einige Katalogversender ködern neue Kunden mit einem Willkommensgeschenk für die Erstbestellung. Das ist zwar ein netter Anreiz, lohnt sich aber für das Unternehmen nicht, wenn es anschließend jahrelang zu viel bezahlt.

Lösungen für kleine Budgets

Mittelständische Unternehmen nutzen häufig Katalogversender und kontrollieren die Preise nicht. Auf Dauer laufen sie damit Gefahr, eine schleichende Preiserhöhung zu übersehen. Um dieser Falle zu entgehen, empfehlen wir folgendes Vorgehen:

> Schließen Sie mit einem Fachhändler vor Ort einen eigenen Rahmenvertrag ab, der auf Ihren individuellen Bedarf zugeschnitten ist.

> Lassen Sie sich die vereinbarten Preise zumindest für ein Jahr garantieren.

> Verhandeln Sie auch über die Lieferkonditionen.

Tipps im Überblick

Tipp 67: Vertrauen Sie nur auf die Zahlen

Katalogversender haben den Ruf, günstig zu sein. In der Praxis basiert dieser aber viel mehr auf dem guten Marketing und der perfekten Mischkalkulation als auf den guten Angeboten dieser Lieferanten. Vertrauen Sie daher nicht auf das Image „teuer" oder „billig", sondern nur auf nachvollziehbare Zahlen.

Tipp 68: Vergleichen Sie nach dem Pareto-Prinzip

Machen Sie sich und den möglichen Anbietern keine unnötige Arbeit. Bitten Sie nur um ein Angebot für die 10 bis 20 Artikel, mit denen Sie 80 Prozent Ihrer Kosten im Büromaterialbereich produzieren.

Tipp 69: Achten Sie auf die Prozesskosten

Konzentrieren Sie sich auf einen Anbieter. So bekommen Sie alles aus einer Hand und minimieren die Prozesskosten. Als guter Kunde des Hauses können Sie dann auch diverse Serviceoptionen (z. B. kostenfreie Lieferung) aushandeln.

Tipp 70: Nutzen Sie die Kompetenz Ihres Anbieters

Vereinbaren Sie mit Ihrem Anbieter in regelmäßigen Abständen (z. B. alle sechs Monate) Optimierungsgespräche. Lassen Sie sich aufzeigen, wo Sie weiter Kosten reduzieren könnten (z. B. durch Hausmarken) und wo sich Prozesskosten sparen lassen (z. B. durch einen standardisierten Bestellweg).

Tipp 71: Lagerhaltung bei Ihrem Lieferanten

Große Vorräte an Büromaterial können Sie sich heute sparen. Schonen Sie Ihre Liquidität und Ihren Platz – den größten Teil aller benötigten Artikel bekommen Sie innerhalb von 24 Stunden geliefert. Sollten ein paar Exoten dabei sein, können Sie mit Ihrem Anbieter eine Bevorratung vereinbaren.

Tipp 72: Bestehen Sie auf persönlicher Betreuung

Ein persönlicher Ansprechpartner löst viele Probleme schnell und unkompliziert, während Call-Center Sie viel Zeit und Nerven kosten können. Bevorzugen Sie daher einen lokalen Partner mit persönlichem Betreuer.

Tipp 73: Bestellen Sie bei einem Vollsortimenter

Suchen Sie sich als Anbieter einen Vollsortimenter, der über 20 000 Artikel auf Lager hat. Teilsortimenter bieten Ihnen nur 3 000 bis 5 000 Artikel und sind schnell am Ende, wenn Sie mal nicht die Standardware wollen.

Tipp 74: Vereinbaren Sie eine Kickback-Regelung

Treue sollte belohnt werden. Sprechen Sie daher Ihren Anbieter auf eine Kickback-Regelung an, wenn Sie bestimmte Jahresumsätze bei ihm erreichen. Diese Regelung kann auch gestaffelt sein.

Tipp 75: Lassen Sie sich Warenproben schicken

Hausmarken bei klassischem Büromaterial oder Rebuilt-Lösungen im Druckerbereich sind in der Regel deutlich günstiger als Markenprodukte. Fragen Sie Ihren Lieferanten nach günstigen Alternativen und lassen Sie sich Warenproben kommen. So können Sie testen, wo Markenprodukte Sinn machen und wo Sie auf günstige Alternativen ausweichen können.

Bonuskapitel: Druckkosten senken

Bedingt durch einen hohen EDV-Anteil in den Büros nimmt der Verbrauch an Tinte- und Tonerkartuschen inzwischen einen relativ großen Raum in Bezug auf die Büromaterialkosten ein. Im Folgenden finden Sie Tipps, wie Sie die internen Druckkosten senken können.

Tipp 76: Reduzieren Sie die Auflösung

Drucken Sie Seiten, die Sie nicht in bester Qualität benötigen (beispielsweise Korrekturausdrucke) in geringerer Auflösung oder Qualität aus.

Tipp 77: Drucken Sie im Schwarzweiß-Modus

Drucken Sie farbige Seiten in Schwarzweiß, wenn die Farbdarstellung zur beabsichtigten Verwendung nicht unbedingt erforderlich ist.

Tipp 78: Drucken Sie nur die benötigten Bereiche

Drucken Sie aus gestalteten Seiten (Web-Seiten oder eigene Layouts) nur die Textbereiche aus, die Sie wirklich brauchen.

Tipp 79: Nutzen Sie den Sparmodus Ihres Druckers

Die meisten Druckkosten entstehen durch Tintenverbrauch. Um die Druckkosten zu senken, verringern Sie die Menge an Tinte bzw. Toner, mit der die Seiten gedruckt werden (Sparmodus).

Tipp 80: Vermeiden Sie Ausdrucke wenn möglich

Überlegen Sie sich, was Sie wirklich drucken müssen. Beispielsweise muss nicht jede E-Mail ausgedruckt werden.

Tipp 81: Schalten Sie den Drucker erst bei Gebrauch ein

Schalten Sie zur Schonung des Materials den Drucker nicht aus Gewohnheit gleich zu Arbeitsbeginn ein, sondern erst dann, wenn Sie ihn wirklich brauchen.

Tipp 82: Nutzen Sie Rebuilt-Lösungen

Sie können 50 Prozent und mehr an Druckkosten sparen, wenn Sie nicht die teure Originaltinte bzw. den Originaltoner des Druckerherstellers kaufen, sondern z. B. auf Rebuilt-Lösungen zurückgreifen.

Tipp 83: Misstrauen Sie Füllstandswarnungen

Misstrauen Sie grundsätzlich den Füllstandswarnungen der Geräte. Wechseln Sie Tinte bzw. Toner erst dann aus, wenn die Seiten sichtbar schlechter werden.

13. Büromöbel – Planung lohnt sich

Markt und Marktentwicklung

Fundamentale Investitionen im Büromöbelbereich stehen bei Unternehmen nur einmal an. Allerdings bilden sie die Basis für Erweiterungs- und Ersatzbeschaffungen, die in regelmäßigen Abständen fällig werden. Daher lohnt es sich, das Thema eingehender zu betrachten.

Eigentlich ist der Markt recht überschaubar. Zwar gibt es mehrere tausend Fachhändler für den Bereich Büromöbel und darüber hinaus noch die Katalogversender, für den Markt relevante Hersteller existieren aber inzwischen nur wenige.

Da die meisten renommierten Hersteller ausschließlich mit dem Fachhandel zusammenarbeiten und keine Direktgeschäfte tätigen, kommt den Fachhändlern eine besondere Rolle zu. Sie sind für den Kunden erster Ansprechpartner bei Planung/Beratung, unterbreiten den Preis und kümmern sich um den fachgerechten Aufbau.

Allerdings gibt es große Unterschiede zwischen den Fachhändlern in Sachen Preis, Kompetenz und Service. Auf den folgenden Seiten bekommen Sie das Handwerkszeug, um den geeigneten Fachhandelspartner zu finden.

Ersparnispotenzial

Obwohl die Büromöbelbranche zu den stark dienstleistungsorientierten Branchen gehört und der Preis somit nicht allein von der Ware abhängig ist, lassen sich nach unserer Erfahrung durch Angebotsoptimierung und die Zusammenarbeit mit einem fairen Händler ordentliche Kostenvorteile erzielen. Je nach Volumen und Möbelserie sind zwischen 15 und 20 Prozent möglich. Dazu ein Beispiel aus der Praxis.

Beispiel

Aufgabenstellung: Ein Dienstleistungsunternehmen hatte sich ein Angebot von seinem Büromöbel-Lieferanten geben lassen, um eine neue Niederlassung einzurichten. Obwohl das Unternehmen damit nicht unzufrieden war, hatte man doch das Gefühl, nicht den optimalen Partner zu haben, und bat uns, eine Alternative aufzuzeigen, die günstiger sei, schnell liefere und guten Service biete.

Lösungsansatz & Ergebnis: Wir konnten dem Kunden das Angebot eines regionalen Fachhändlers präsentieren, das rund 16 Prozent unter dem letzten Angebot seines bisherigen Lieferanten lag. Zudem bekam der Kunde ein teilweise qualitativ höherwertiges Programm und konnte die Möbel bereits zehn Tage nach Bestellung in Empfang nehmen.

Die wichtigsten Optimierungsansätze

Wenn Sie über die Neuausstattung eines Standortes mit Büromöbeln nachdenken, ist es mit der Bestimmung von Anzahl und Designvorstellungen nicht getan, um einen optimalen Anbieter zu finden. Folgende Punkte sollten Sie im Vorfeld beachten:

Planung

Ein guter Fachhändler unterstützt Sie bereits in der Planungsphase. Er besucht Sie vor Ort und bespricht mit Ihnen Ihre Wünsche und Gegebenheiten. Zudem zeigt er Ihnen zu Ihren Räumlichkeiten passende alternative Lösungen auf.

Es nutzt zum Beispiel der schönste Flügeltürenschrank nichts, wenn Ihnen der Platz fehlt, ihn problemlos zu öffnen. Auch die Themen Beleuchtung, Akustik und arbeitsrechtliche Vorschriften hat ein guter Fachhändler im Auge.

Im Optimalfall kann Ihnen Ihr Anbieter verschiedene bedarfsgerechte Serien mit Hilfe einer 3D-Software demonstrieren, so dass Sie sich ein realistisches Bild Ihres zukünftigen Büros machen können. Mit Hilfe einer solchen Software können Sie auch auf Knopfdruck verschiedene Farben und Designmöglichkeiten durchspielen.

Umsetzung

Achten Sie darauf, dass Sie auch bei der Umsetzung alles aus einer Hand bekommen. Der Anbieter Ihrer Wahl sollte nicht nur das günstigste Angebot haben und es hinter die erste verschlossene Tür liefern – er sollte auch in der Lage sein, alles fachgerecht und den gesetzlichen Normen entsprechend zu installieren.

In der Schnelligkeit und Zuverlässigkeit zeigt sich die Kompetenz eines Fachhändlers. Denn in der Umsetzung trennt sich (neben der Beratung in der Planung) die Spreu vom Weizen.

Nachbetreuung

Die Zusammenarbeit endet nicht mit Aufbau und Reste-Entsorgung. Ein guter Partner steht Ihnen auch im Anschluss jederzeit zur Verfügung, kann Ihnen schnell und unkompliziert Ergänzungen zum Sortiment beschaffen und sorgt für die langfristige Liefergarantie des von Ihnen bezogenen Mobiliars. Üblich sind Liefergarantien von bis zu zehn Jahren, wobei leichte zeitgemäße Modifikationen auftreten können.

Umsetzung im Detail

Sie sind an dem Punkt angekommen, wo Sie von einigen Fachhändlern Angebote vorliegen haben, und möchten die interessantesten herausfiltern. Hier zunächst die Checkliste der Positionen, die in einer Vollkostenrechnung berücksichtigt werden sollten.

	A1	A2	...
Planungskosten			
Gesamtpreis der Möbel			
Kosten für Verpackung und Anlieferung			
Kosten für den Aufbau			
Kosten für Verpackungsentsorgung			
Summe:			

Abbildung 12: Anbieter-Vergleichstabelle für Büromöbel
A1 = Anbieter 1, A2 = Anbieter 2.

Checkliste für die weichen Faktoren

✓ Liefertermin: Prüfen Sie, wie schnell Sie die Möbel brauchen und wer in der Lage ist, schnell zu liefern. Auch wenn Sie bei einer Neuanschaffung viel Vorlaufzeit haben sollten, wird das bei Nachlieferungen nicht immer so sein.

✓ Richtlinien: Fragen Sie nach, ob die Möbel den EU-Richtlinien für EDV-Arbeitsplätze bzw. den Richtlinien der Berufsgenossenschaften entsprechen und aufgebaut werden.

✓ Liefergarantie: Stellen Sie sicher, dass Sie Ersatz und Ergänzungen zu Ihrem Programm langfristig bekommen. Liefergarantien sollten bis zu zehn Jahren üblich sein.

✓ Sortiment/Flexibilität: Achten Sie darauf, dass Sie ein Programm mit großem und flexiblem Sortiment bekommen. So passen Ergänzungen und Erweiterungen auch weiterhin ins Programm.

Das A – Z der Büromöbelbeschaffung

Aufbau: Der Aufbau ist normalerweise nicht im Preis inbegriffen und kostet zusätzlich bis zu 15 Prozent des Mobiliars oder eine Pauschale. Ein separater Aufbauservice ist nicht zu empfehlen, da er die Programme unter Umständen nicht kennt und dann durch zu hohen Zeitaufwand teuer wird.

Fachhändler: Der Fachhändler zeichnet sich gegenüber dem Katalogversender durch Service und Beratung aus. Für den Mittelstand gibt es zu ihm eigentlich keine ernsthafte Alternative, da Themen wie Planungsberatung, Aufbauservice, Verpackungsentsorgung etc. eine große Rolle spielen.

Katalogversender: Einige Katalogversender für Büromaterial haben auch ein Sortiment an Büromöbeln im Angebot. Dieses stammt jedoch in den meisten Fällen aus Auslandsproduktionen oder aus inländischen Billigproduktionen und wechselt häufig von Katalog zu Katalog. Von Nachliefergarantien kann in den meisten Fällen keine Rede sein. Beratung und Service werden zudem nicht geboten.

Lieferdauer: Viele Anbieter benötigen mehrere Wochen Lieferzeit für ein Möbelprogramm, während gerade im Mittelstand schnelle Beschaffungsvorgänge wichtig sind. Positiv heben sich dagegen die Partner ab, die qualitativ hochwertige Möbel schnell (innerhalb von 14 Tagen), zu günstigen Preisen und mit allen Services bieten können.

Liefergarantie: Die Liefergarantie gewährleistet Ihnen, dass Sie für ein bezogenes Programm noch lange Ersatz und Ergänzungen bekommen. Bis zu zehn Jahren dürfen Sie erwarten.

Planung/Beratung: Ein guter Fachhändler steht Ihnen bereits in der Planungsphase beratend zur Seite und achtet auf Beleuchtung, Platz- und Akustikverhältnisse sowie gesetzlich einzuhaltende Bestimmungen. Diese Merkmale grenzen ihn unter anderem positiv vom Katalogversender ab.

Verpackungsentsorgung: Zu jedem Full-Service-Angebot im Büromöbelbereich gehört auch die Entsorgung des Verpackungsmaterials. Oftmals ist diese Leistung nicht kostenlos und sollte gegebenenfalls bei einer Vollkostenrechnung berücksichtigt werden.

Versandkosten: Nicht alle Anbieter liefern frei Haus oder haben die Versandkosten bereits mit einkalkuliert. Gerade bei größeren Lieferungen können diese Kosten relativ hoch sein. Fragen Sie daher unbedingt nach und berücksichtigen Sie die Kosten in Ihrer Vergleichsrechnung, wenn „frei Bordsteinkante" oder „hinter die erste verschlossene Tür" angeboten wird. Aufbaukosten und innerbetrieblicher Transport gehen dann zusätzlich zu Ihren Lasten.

Lösungen für kleine Budgets

Einige Händler haben sich darauf spezialisiert, Rückläufer von Bestellungen großer Firmen zu vermarkten. Bei Möbelrückläufern handelt es sich um Büromöbel, die der Kunde oft nur wegen kleiner Fehler zurückgibt. Solche Angebote können gerade für flexible Unternehmen mit kleinem Budget interessant sein, haben aber nicht nur Vor-, sondern auch Nachteile:

➤ Vorteil 1: Die Rückläufer kann man oft mit 60 bis 80 Prozent Discount erwerben.

➤ Vorteil 2: Man bekommt unter Umständen qualitativ hochwertige Ware zu günstigen Preisen.

➤ Nachteil 1: Man muss nehmen, was es gerade gibt, oder warten.

➤ Nachteil 2: Man muss sich selbst um den Aufbau kümmern.

Tipps im Überblick

Tipp 84: Holen Sie sich frühzeitig Unterstützung

Bei der Einrichtung eines Büros müssen viele Punkte bedacht werden: Platz- und Lichtverhältnisse, Raumakustik und arbeitsrechtliche Vorschriften sind nur einige davon. Suchen Sie sich daher im Vorfeld einen guten Fachhändler, der Ihnen bereits in der Planungsphase beratend zur Seite steht. Im Idealfall kann er Ihnen sogar mit Hilfe einer Software verschiedene Lösungen präsentieren und Ihnen damit eine bildliche Vorstellung von verschiedenen Programmen und Farbvariationen geben.

Tipp 85: Vergleichen Sie Angebote auf Vollkostenbasis

Der Möbelpreis alleine ist nicht entscheidend für den Kostenvergleich. Rechnen Sie auch Kosten für Versand, Aufbau und Verpackungsentsorgung hinzu.

Tipp 86: Beachten Sie die gesetzlichen Richtlinien

Achten Sie darauf, dass Sie einen seriösen Partner wählen, der Sie bereits bei der Planung unter Berücksichtigung der beim Aufbau geltenden gesetzlichen Richtlinien berät und somit für optimal eingerichtete Arbeitsplätze sorgt.

Tipp 87: Nehmen Sie ein flexibles Programm

Achten Sie bei der Auswahl Ihres Programms auf ein großes und flexibles Sortiment mit langer Liefergarantie. So stellen Sie sicher, dass Sie auch noch nach Jahren Ihr Mobiliar sinnvoll und passend ergänzen und erweitern können.

Tipp 88: Schnelligkeit, Zuverlässigkeit und Pünktlichkeit

Besorgen Sie sich einen Partner, der Ihnen eine schnelle und zuverlässige Lieferung gewährleistet. Selbst wenn Sie bei der Basisausstattung Zeit haben, kann das bei späteren Ergänzungen anders aussehen.

Tipp 89: Vorsicht vor unseriösen Angeboten

Preis und Qualität sollten in einer vernünftigen Relation stehen. Wenn Sie ein scheinbar vergleichbares Angebot erhalten, das auffallend günstiger ist als die anderen Angebote (z. B. mehr als 30 Prozent), ist Vorsicht geboten. Prüfen Sie in diesem Fall besonders intensiv die Qualität (z. B. Holzstärke, Kabelkanäle, Rahmen usw.) und suchen Sie nach im Angebot versteckten Kosten.

Tipp 90: Nehmen Sie lieber etwas Gewöhnliches

Kaufen Sie kein zu exotisches Programm. Sie bekommen sonst Schwierigkeiten mit passenden Komplementärprodukten, wenn die Liefergarantie einmal ausläuft. Standardprogramme sind zwar nicht besonders attraktiv, können sich langfristig jedoch auszahlen.

14. Drucksachen – Die Visitenkarte Ihres Unternehmens

Markt und Marktentwicklung

Visitenkarten, Briefpapier und andere Drucksachen gehören zum Aushängeschild eines jeden Unternehmens. Daher ist der durchschnittliche Mittelstandskunde froh, wenn er Anbieter (Agentur und Druckerei) gefunden hat, die einigermaßen gute Qualität zuverlässig liefern.

Trotzdem ist es durchaus interessant, diese Position auf den Prüfstand zu stellen. Zum einen handelt es sich um recht regelmäßig anfallende Kosten, zum anderen sind die Preisunterschiede je nach Region und Größe von Agentur und Druckerei sehr erheblich. Hinzu kommt der Markt der Online-Druckereien. Diese sind zwar sehr günstig, verlangen aber vom Kunden neben fertigen Vorlagen auch eine Menge an Vorkenntnissen und Eigeninitiative, wenn er ein brauchbares Druckergebnis erzielen will.

Da wir bei unseren Kunden die Erfahrung gemacht haben, dass diese die Zusammenarbeit mit realen Partnern (inklusive Beratung und Service) schätzen, wollen wir insbesondere hierfür die Potenziale aufzeigen.

Ersparnispotenzial

Unterscheiden muss man grundsätzlich zwischen dem reinen Nachdruck von vorhandenen Materialien und der Aufgabe, Layout und Druck zu produzieren. Während beim reinen Nachdruck Ersparnispotenziale von 15 bis 25 Prozent bei gleicher bis besserer Qualität möglich sind, steckt in der kombinierten Leistung deutlich mehr Potenzial. Hier sind Ersparnisse von 30 bis 40 Prozent – manchmal sogar mehr – möglich. Um die Unterschiede zu verdeutlichen, folgen nun zwei Beispiele aus der Praxis.

Beispiel 1

Aufgabenstellung: Ein Dienstleistungsunternehmen, das prüfen wollte, wie gut (bzw. schlecht) das Angebot seiner bisherigen Agentur war, beauftragte uns, ihm Vergleichsangebote für den Nachdruck seines Briefpapiers einzuholen.

Lösungsansatz & Ergebnis: Wir konnten dem Kunden ein genau vergleichbares Angebot liefern, das rund 29 Prozent unter dem Preis seines bisherigen Lieferanten lag. Zudem berechnete der alte Lieferant noch Handling- und Versandkosten, die beim Vergleichsangebot ebenfalls entfielen.

Beispiel 2

Aufgabenstellung: Ein Eventmanagement-Unternehmen hatte vor, einen neuen sechsseitigen, vollfarbigen Folder zu produzieren. Unsere Aufgabe bestand darin, ihm alternative Angebote zu seiner Haus- und Hofagentur für Design und Produktion zu beschaffen.

Lösungsansatz & Ergebnis: Wir konnten dem Kunden ein Angebot präsentieren, das knapp 47 Prozent unter dem seiner Bestandsagentur lag. Zudem handelte es sich bei dem Angebot der bisherigen Agentur nur um eine Kostenschätzung, die durchaus noch Spielraum nach oben gehabt hätte, wenn der kreative Aufwand höher ausgefallen wäre. Das Angebot des von uns ausgesuchten Lieferanten war hingegen ein Festpreis.

Die wichtigsten Optimierungsansätze

Betrachtet man die Beschaffung im Agentur- und Druckbereich, fallen drei kritische Punkte ins Auge: der Bedarf und dessen Deckung, die Schnelligkeit und der Prozesskostenansatz.

Jahresvolumen

Machen Sie sich im Vorfeld einer Angebotsanfrage klar, um welche Produkte und um welche Auftragshöhe es auf Jahressicht in Ihrem Unternehmen geht, und werfen Sie diese in die Waagschale. Viele Agenturen und Druckereien sind bereit, deutlich bessere Angebote zu machen, wenn sie ein Gesamtvolumen in Aussicht gestellt bekommen und dieses auch einschätzen und planen können.

Umsetzungszeit

Gerade bei Werbeaktionen oder wenn man feststellt, dass das Briefpapier zur Neige geht, muss es im Mittelstand schnell gehen. Leider brauchen viele Agenturen und Druckereien bei solchen Dingen aber recht lange für die Angebotsabgabe und erst recht für die Umsetzung. Wenn Sie also Angebote einholen, lassen Sie sich auch zusichern, dass eine zeitnahe Umsetzung möglich ist. Zehn Arbeitstage ab Freigabe sind dafür ein akzeptabler Wert.

Prozesskosten

Viele Druckereien sind leider nicht in der Lage, das komplette Portfolio dessen zu liefern, was bei Ihnen an Druckbedarf anfällt. Dabei haben Sie das folgende Problem, wenn Sie mit mehreren Anbietern arbeiten müssen: Sie haben redundante Kosten und einen deutlich höheren Aufwand. Vorlagen müssen mehrfach erstellt und abgeglichen werden, Handling und Versandkosten fallen wiederholt an und vieles mehr. Hinzu kommt, dass Sie durch die Abstimmung mit mehreren Häusern viel aufwändigere Prozesse haben. Stellen Sie daher bei der Angebotsvergabe sicher, dass Ihre potenziellen Auftragnehmer auch in der Lage sind, Ihr komplettes Portfolio abzudecken. Die Alternative ist die Zusammenarbeit mit einem Druckereimakler, der Ihnen alles aus einer Hand bietet.

Umsetzung im Detail

Die Vorarbeit ist gemacht: Sie haben Ihren Bedarf und Umsatz für ein Jahr definiert, das gewünschte Angebotsportfolio und die akzeptierte Lieferzeit festgelegt. Mit Hilfe der folgenden Vergleichstabelle können Sie nun die eingeholten Angebote, die die Voraussetzungen erfüllen, auf Vollkostenbasis vergleichen.

	A1	A2	A3	...
Produkt				
Benötigte Anzahl				
Kosten für Design				
Druckkosten				
Handlingpauschale				
Verpackung				
Porto				
Gesamtkosten				

Abbildung 13: Vergleich von Agentur und Druckkosten
A1 = Anbieter 1, A2 = Anbieter 2, A3 = Anbieter 3.

Checkliste für die weichen Faktoren

✓ Abwicklungszeitraum: Druckereien haben oft Lieferzeiträume von zwei bis drei Wochen, teilweise sogar länger. Fragen Sie nach diesen Zeiten und kalkulieren Sie sie in Ihre Planung mit ein.

✓ Angebotszeitraum: Viele Druckereien lassen sich Zeit für ihre Angebote. Definieren Sie daher eine Deadline.

✓ Corporate Design: Jede Werbe-Agentur spricht ihre eigene Sprache. Grafik-Stile, Sprach-Stile usw. sollten auf die Corporate Identity und das Corporate Design abgestimmt sein. Die Philosophie des Unternehmens spielt in den meisten Fällen eine große Rolle. Daher sollten diese Aufgaben von einer und nicht mehreren Agenturen übernommen werden, damit der Stil einheitlich bleibt.

✓ Inklusive Leistungen: Das Angebot von Werbeagenturen bezieht sich meistens auf die reine Gestaltung. Zusatzleistungen, wie eigene Abwicklung mit den Druckern, Mailing-Service etc., werden nicht immer deutlich oder gar nicht deklariert, können aber erhebliche unkalkulierte Kosten verursachen.

✓ Künstlerpreise: Angebote der Werbeagenturen sind meist „Künstlerpreise". Die Preise der Werbeagenturen richten sich nach regionalen Gegebenheiten, nach Branchen und nach Gefühl. Hochprofitable Branchen müssen meist mehr zahlen.

✓ Kreativität: Werbung, die jeder macht, schafft keinen entscheiden-
den Vorteil. Eine Besprechung/Beratung, wie und mit welchen Mit-
teln man auf sich aufmerksam machen kann, sollte in den ersten Ge-
sprächen enthalten sein.

✓ Projektierung: Die Projektierung sollte mit den Verantwortlichen
besprochen werden, um den USP deutlich heraus zu stellen. Ziel-
gruppen müssen erfasst werden, um die Ausrichtung zu erkennen.

Das A – Z der Drucksachen

Agenturprovision: Wenn Sie eine Werbeagentur beauftragen, nicht nur
das Design zu fertigen, sondern auch den Druck für Sie abzuwickeln,
zahlen Sie in der Regel zu viel. Die Agenturen erhalten eine Vermitt-
lungsprovision, die auf den Druckpreis aufgeschlagen wird. Auf der
anderen Seite sparen Sie auf diese Weise die Abstimmung mit zwei
Anlaufstellen. Wenn das Angebot unterm Strich also trotzdem noch
günstiger ist, kann sich der Aufschlag im Endeffekt lohnen.

Ansichtsdaten: Daten in niedriger Auflösung. Sie können nur für
Proofs verwendet werden und sind für Druckerzeugnisse nicht geeignet.

Beschnitt: Beschnitt ist ein verarbeitungstechnisch notwendiger Pa-
pierrand, der über das Endformat hinausgeht. Der Beschnitt ermöglicht ein an allen Seiten sauber geschnittenes Endformat.

Digitaldruck: Gedruckt wird direkt von der digitalen Vorlage (z. B.
PDF), ohne dass noch einmal ein Initialprozess entsteht. Daher ist diese Druckvariante bei kleinen Stückzahlen relativ günstig, wird aber bei
zunehmenden Stückzahlen deutlich unattraktiver. Hinzu kommt, dass
die Qualität in der Regel schlechter ist als beim Offsetdruck und nicht
alle Möglichkeiten (z. B. Papierarten) realisiert werden können.

Farbmodus: Bildschirm- und Druckfarben unterscheiden sich in ihrem
Farbmodus. Während am Computer Farben nach der RGB-Skala zu
sehen sind, zeigt das gedruckte Resultat eine CMYK-Skala. Daher
können Druck- und Bildschirmfarben abweichen.

Handlingpauschale: Eine zusätzliche Gebühr, die häufig von Agenturen dafür erhoben wird, dass sie einen Prozess angefasst haben (z. B.
dass sie die Druckerei beauftragt haben, neues Briefpapier von der bestehenden Vorlage zu drucken). Eigentlich sollte eine solche Leistung
unter Service verbucht werden. Wenn eine Agentur dafür aber Geld

verlangt, muss man diese Kosten eben auch mit einbeziehen und prüfen, ob das Angebot trotzdem noch gut ist.

Makler: Die angenehmste Form der Abwicklung, die auch wir für unsere Kunden bevorzugen, liegt in der Zusammenarbeit mit einem Agentur- und Druckereimakler. Er bestimmt mit Ihnen Ihren Bedarf, beschafft gute Qualität zum günstigen Preis, ist Ihr fester Ansprechpartner und liefert Ihnen alles aus einer Hand.

Offsetdruck: Der größte Kostenblock entsteht beim Offsetdruck im Initialaufwand (Erstellung der Druckplatten). Daher sind die Kosten bei kleinen Stückzahlen relativ hoch, während größere Stückzahlen kaum teurer werden. Der Vorteil liegt sicherlich in der Qualität der Produkte, die deutlich höher ist als beim Digitaldruck. Zudem sind mehr Möglichkeiten gegeben (z. B. in Bezug auf die Papierart).

Onlinedruckereien: Onlinedruckereien sind durch die große Masse, die sie produzieren, in der Lage, sehr günstige Konditionen anzubieten. Allerdings erfordern sie ein gewisses Maß an Vorkenntnissen und Eigeninitiative, wenn am Ende ein einigermaßen ordentliches Ergebnis stehen soll. Ob man eine gute Qualität bekommt, ist dabei oft Glückssache.

Verpackungs- und Versandkosten: Wenn Sie sich Angebote von Agenturen oder Druckereien einholen, fragen Sie explizit nach Verpackungs- und Versandkosten. Diese Kosten sind normalerweise nicht im Angebotspaket enthalten, können aber deutlich zu Buche schlagen und müssen daher in einen Angebotsvergleich mit eingerechnet werden.

Vorlagen: Achten Sie darauf, dass Sie die Rechte an den von einer Agentur erstellten Vorlagen bekommen. Andernfalls müssen Sie bei einem Agenturwechsel das Geld für die Erstellung von Vorlagen nochmals ausgeben.

Lösungen für kleine Budgets

Unternehmen mit kleinem finanziellem Spielraum müssen besonders gezielt werben, da sie nicht die Werbebudgets großer Konkurrenten haben, dafür aber umso mehr für ihren Widererkennungswert tun müssen. Sie sollten sich daher ganz genau überlegen, welche Kundengruppe angesprochen und welche Botschaft vermittelt werden soll. Dazu zwei Beispiele:

Beispiel 1

Von einer lokalen Schreinerei wird sicherlich keine aufwendige Außendarstellung mit Hochglanzprospekten erwartet. Vielmehr geht es um die griffige Formulierung der Alleinstellungsmerkmale und die zielgerichtete Ansprache der Kunden vor Ort.

Beispiel 2

Eine kleine Vermögensverwaltung wird höchstens Wert auf einen anspruchsvollen und hochwertigen Außenauftritt legen. Dabei geht es um die konsequente Vermittlung von Seriosität und Perfektion – eben die Eigenschaften, die potenzielle Kunden von einem solchen Anbieter erwarten.

Tipps im Überblick

Tipp 91: Machen Sie immer Vollkostenrechnungen

Vergleichen Sie nicht nur die Preise für Design und Druck, sondern rechnen Sie in Ihren Angebotsvergleich auch Kosten für Handling, Verpackung und Versand mit ein. Auch unterschiedliche Inklusivleistungen (z. B. für Vorlagennachbearbeitung) kann man gegenüberstellen.

Tipp 92: Verhandeln Sie Ihren Jahresbedarf

Überlegen Sie sich im Vorfeld einer Anfrage, welchen Bedarf Sie auf Sicht eines Jahres haben. Viele Anbieter sind bereit, bessere Konditionen anzubieten, wenn sie das Volumen abschätzen können.

Tipp 93: Achten Sie auf weiche Faktoren

Nicht nur die reinen Kosten und die produzierte Qualität machen ein gutes Angebot aus. Auch die weichen Faktoren, wie eine schnelle Lieferzeit, komplettes Sortiment etc., sollten mit einfließen.

Tipp 94: Betreiben Sie Zielgruppen-Marketing

Wenn Sie kein riesiges Werbebudget haben, müssen Sie sehr gezielt werben, um sich im Markt zu positionieren. Daher macht es Sinn, gemeinsam mit der Agentur eine auf Ihre Zielgruppe ausgerichtete Kampagne zu planen.

Tipp 95: Onlinedruckereien eignen sich nur bedingt

Onlinedruckereien sind sehr günstig. Allerdings sollten Sie eine gewisse Vorbildung und ein hohes Eigenengagement mitbringen, um zu brauchbaren Ergebnissen zu kommen. Unserer Erfahrung nach eignen sich Onlinedruckereien nur in Ausnahmefällen.

Tipp 96: Digitaldruck nur bei kleinen Stückzahlen gut

Digitaldruck kommt dann in Frage, wenn Sie nur eine kleine Stückzahl benötigen, Standardpapiere genügen und Sie keine besonders hohe Qualität brauchen. In diesen Fällen kann sich Digitaldruck lohnen. Ansonsten sind Sie mit Offsetangeboten besser bedient.

Tipp 97: Vermeiden Sie redundante Kosten

Je mehr Lieferanten Sie innerhalb eines Fertigungsprozesses haben, umso höher werden auch die Prozesskosten für Abstimmungen, redundante Arbeiten usw. Versuchen Sie daher, wenn möglich, alles aus einer Hand zu bekommen. Ideal ist die Zusammenarbeit mit einem Druckereimakler.

Tipp 98: Sichern Sie sich die Rechte an Ihren Vorlagen

Sorgen Sie immer dafür, dass Sie die Rechte an Ihren Vorlagen von Ihrer Agentur bekommen. Andernfalls behält die Agentur bei einem Wechsel Ihre Vorlagen und Sie haben nochmals Designkosten.

Tipp 99: Kontrollieren Sie Ihre Lieferung

Manche Druckereien packen Fehlproduktionen gerne unten mit in die Kartons. Machen Sie daher grundsätzlich Stichproben beim Eintreffen der Lieferung – andernfalls erleben Sie vielleicht nach ein paar Monaten eine Überraschung.

Tipp 100: Suchen Sie sich einen guten Makler

Ein guter Agentur- und Druckereimakler ist Ihr erster Ansprechpartner. Er kennt Ihre Wünsche und kümmert sich um die Umsetzung. Gleichzeitig achtet er auf die Kosten.

15. Typische Fehler in der Beschaffung

In diesem Kapitel erfahren Sie, welche Fehler in der Beschaffung häufig gemacht werden und worauf Sie achten sollten. Es beginnt meistens damit, dass eine gründliche Ist-Analyse zu Beginn des Beschaffungsvorganges fehlt. Auch der Prozesskostenansatz wird häufig vergessen und Volumina werden auf zu viele Partner verteilt. Außerdem lesen Sie, wann Einkaufsgemeinschaften, Ausschreibungen und E-Procurement-Lösungen sinnvoll sind und welche Vor- und Nachteile sie bieten.

Analyse und Angebotsbeschaffung

Bevor Sie sich Angebote bei Lieferanten einholen, sollten Sie sich überlegen, was für Sie bei einem Angebot wichtig ist und nach welchen Kriterien (mit welcher Gewichtung) Sie entscheiden. Eben dieses Vorgehen fehlt oft bei mittelständischen Unternehmen. Man lässt die Angebote auf sich zukommen und entscheidet dann eher aus dem Bauch heraus. Besser ist es, zunächst eine Ist-Analyse durchzuführen (mehr dazu im nächsten Kapitel) und sich auf dieser Basis Angebote einzuholen.

Woher bekommt man nun die Angebote bzw. welche Lieferanten kommen in Frage? Häufig haben im Laufe der Zeit aktiv Vertriebsmitarbeiter oder Vertriebspartner eines bestimmten Anbieters bei Ihnen angerufen. Diese Personen können Sie jetzt wieder kontaktieren. Wundern Sie sich aber nicht, wenn der Ansprechpartner aufgrund hoher Personalfluktuation nicht mehr im Unternehmen beschäftigt ist. In diesem Fall hilft ein Kollege sicher auch gerne weiter. Eine weitere Möglichkeit besteht darin, befreundete Unternehmen nach konkreten Empfehlungen zu fragen. Hier können Sie sich sicher sein, dass Sie ehrliche Ratschläge erhalten. Sie können sich auch Tipps geben lassen, welchen Kriterienkatalog die anderen für die Entscheidung herangezogen haben. Die eigene Analyse und Entscheidung kann Ihnen dadurch allerdings nicht abgenommen werden.

Existieren diese Möglichkeiten nicht, müssen Sie wohl „auf eigene Faust" recherchieren. Mit Hilfe des Internets und der passenden Schlagwortkombination bekommen Sie schnell einen Überblick über geeignete Anbieter. Sie sollten allerdings schon bei der Erstrecherche eine Vorauswahl treffen, um die spätere Vergleichsphase zu verkürzen.

Prozesskosten und Lieferantenauswahl

Die Reduzierung der Einkaufskosten muss grundsätzlich eventuell höheren Prozesskosten gegenübergestellt werden. Es gibt z. B. immer noch Unternehmen, die wegen Kleinstaufträgen von wenigen hundert Euro zu viele Angebote vergleichen und dafür zahlreiche Stunden aufwenden. Letztlich ist das ein Minusgeschäft, da der Kollege in der Zwischenzeit auch etwas anderes hätte erledigen können.

Helfen können Experten, wie z. B. Einkaufsmakler und Einkaufsberater, die einen Großteil der Analyse übernehmen und damit den Arbeitsaufwand im Unternehmen klein halten. Diese Experten wissen genau, an welchem Punkt man ansetzen muss, um in kürzester Zeit eine hohe Ersparnis erzielen zu können.

Anschließend ist es genauso wichtig, Lieferanten als Partner zu haben, die keine Mehrarbeit verursachen. Empfehlenswert ist es, möglichst einen Ansprechpartner im Unternehmen zu haben, der für alle Fragen und Probleme zuständig ist. Es kann nicht sein, dass der Kunde beim Lieferanten von Ansprechpartner zu Ansprechpartner weiter verbunden wird, ohne eine Lösung zu erhalten. Ein sehr guter Lieferant mit hoher Servicequalität kann auch in vielen anderen Punkten weiterhelfen. Wenn man z. B. regelmäßig Produkte bestellt und der Lieferant erkennt, dass es in naher Zukunft zu Lieferengpässen kommen kann, legt er sich für gute Kunden schon einmal solche Produkte auf Lager.

Anbieter-Überschuss

In vielen Unternehmen gilt die Vorgabe, mindestens drei Angebote einzuholen. Diese Regel ist auch sinnvoll, allerdings sollte umgekehrt auch eine Höchstzahl an Angeboten festgelegt werden, um die Analyse zeitlich überschaubar zu halten. Die Höchstgrenze von fünf Angeboten hat sich in der Praxis bewährt.

Das Gleiche gilt auch für die Bestellphase. Es gibt zum Beispiel Unternehmen, die bei drei und mehr Anbietern beispielsweise Büromaterial bestellen. Das macht selten Sinn, weil dadurch die Einkaufskosten kaum reduziert werden, aber die dadurch entstehenden Personalkosten überdurchschnittlich hoch sind. Vielmehr sollten die Bestellmengen gebündelt und auf einen Ansprechpartner beschränkt werden. Wenn man zu viele Anbieter hat, steigt zudem der Abstimmungsbedarf überproportional an und die Rahmenbedingungen (z. B. Lieferkosten) verschlechtern sich.

Den Zeitaufwand für Gespräche mit Lieferanten sollte man ebenfalls begrenzen. Eine Möglichkeit besteht etwa darin, einen bestimmten Tag festzulegen, an dem man mit Anbietern spricht, und seine Sekretärin anzuweisen, solche nur an diesen Tagen durchzustellen. Natürlich kann man hier noch zwischen bestehenden Anbietern und Neu-Anfragen unterscheiden oder diese Regel aufweichen, wenn gerade dringender Bedarf an neuen Angeboten besteht.

Einkaufsgemeinschaften

Gerade bei Produkten und Dienstleistungen, die zahlreiche Unternehmen (meist branchenübergreifend) benötigen, kann eine Bündelung der Einkaufsmacht im Rahmen einer Einkaufskooperation sinnvoll sein. Allerdings muss man diese Vorteile mit den Bedingungen vergleichen, die viele Einkaufsgemeinschaften stellen. Typisch sind eine Jahresgebühr und eine Abnahmeverpflichtung. Achten Sie daher darauf, dass der Vorteil, den Ihnen eine Einkaufsgemeinschaft bietet, nicht wieder durch die damit verbundenen Kosten und Verpflichtungen zunichte gemacht wird. Insbesondere Abnahmeverpflichtungen und verbunden damit den Verlust von Flexibilität in der Beschaffung sehen wir kritisch. Hinzu kommt, dass ursprünglich von einer Einkaufsgemeinschaft ausgehandelte Konditionen nicht langfristig attraktiv sein müssen. Wurden die Verträge an Mindestabnahmemengen gebunden, die von der Einkaufsgemeinschaft nicht erfüllt werden können, verschlechtern sich normalerweise die Konditionen. Deshalb sollte man sich in den meisten Fällen nicht langfristig binden, sondern regelmäßig überdenken, ob eine Mitgliedschaft noch Sinn macht.

Ausschreibungen

Viele Unternehmen, an denen zum Beispiel die öffentliche Hand beteiligt ist, entscheiden sich häufig für Ausschreibungen, um allen internen und gesetzlichen Bestimmungen gerecht zu werden bzw. sich abzusichern. In vielen Fällen ist dieses Vorgehen leider nicht sinnvoll, da die Beratungs- und Prozesskosten durch solch ein Vorgehen überdurchschnittlich ansteigen. Zudem kann es passieren, dass sehr gute und geeignete Anbieter nicht an solchen Ausschreibungen teilnehmen, da ih-

nen der Aufwand im Verhältnis zur Wahrscheinlichkeit, den Auftrag
zu erhalten, zu hoch erscheint. Häufig handelt es sich aber hierbei um
Anbieter, die die Prozesskosten in der Beschaffungsphase deutlich senken können.

Ein weiteres Problem ist, dass bei Ausschreibungen fast ausschließlich
über den Preis entschieden wird, was langfristig zu Lasten von Qualität
und Service geht oder über eine Mischkalkulation ausgeglichen wird.
Die Ausschreibungssieger verdienen ihr Geld dann eben mit Leistungen, die nicht Bestandteil der Ausschreibungen waren, die Sie aber
trotzdem benötigen und dort zu überhöhten Preisen bestellen.

Im Endeffekt haben wir in zahlreichen Fällen festgestellt, dass der
Kunde günstiger gefahren wäre, wenn er keine Ausschreibung gemacht
hätte. Viele unserer Kunden verzichten daher nach genauer Beurtei-
lung der Lage in Zukunft auf eine aufwendige Ausschreibung.

E-Procurement

Bei einer im Jahr 2006 veröffentlichen Umfrage des Bundesverbands
Materialwirtschaft Einkauf und Logistik (BME) gaben 25 Prozent der
Befragten an, auf den Einsatz von E-Sourcing (Einkauf per Internet)
verzichten zu können. Die meisten Verweigerer kamen aus dem Mittelstand. Was aber ist der Grund dafür, dass E-Procurement bei Großunternehmen recht beliebt ist und dort zu nachweislichen Kosteneinsparungen führt, während der Mittelstand diese Möglichkeiten weitgehend ablehnt?

Unserer Erfahrung nach liegt ein wichtiger Hinderungsgrund in inner-
betrieblichen Widerständen durch Mitarbeiter. Viele Mittelständler
scheuen insbesondere dann den Konflikt, wenn die Einsparungen nur
gering sind und der Umstellungsaufwand hoch ist. Hinzu kommt, dass
viele E-Procurement-Systeme überladen und damit zu teuer oder zu
kompliziert für die Bedürfnisse der Mittelständler sind.

16. Schritte der Kostenoptimierung

Nun wollen wir Ihnen zusammenfassend einige konkrete Tipps geben, wie und in welcher Reihenfolge Sie grundsätzlich vorgehen sollten, um Ihren Einkauf zu optimieren.

Analyse

Zeitpunkt der Analyse

Der Zeitpunkt der Analyse sollte nicht zu spät gewählt werden. Aufgrund von Kündigungsfristen, Entscheidungs- und Bearbeitungszeiten benötigen Sie eine gewisse Vorlaufzeit, um eine gute Analyse und basierend darauf eine fundierte Entscheidung zu treffen. Wie lange diese Vorlaufzeit sein muss, hängt vom betreffenden Bereich und den Entscheidungsstrukturen in Ihrem Unternehmen ab. In manchen Fällen genügen wenige Wochen, in anderen Fällen kann ein ganzes Jahr Vorlaufzeit nötig sein.

Wenn Sie in sehr schlechten Verträgen „gefangen" sind, bei denen Sie entweder mit dem Service sehr unzufrieden sind oder die Kosten deutlich über dem Marktpreis liegen, sollten Sie auch bei laufenden Verträgen einmal mit den Wettbewerbern sprechen. Zum einen sind diese teilweise bereit, Ablösesummen zu bezahlen, um einen vorzeitigen Wechsel zu ermöglichen. Zum anderen kann man mit einem guten Vergleichsangebot an seinen bestehenden Anbieter herantreten und ihn im Sinne einer langfristigen Kundenbindung zu einem verbesserten Angebot motivieren.

Definition der Anforderungskriterien

Bevor Sie sich verschiedene Angebote einholen, muss Ihnen selbst klar sein, was Sie wollen. Holen Sie sich daher zu Beginn alle Entscheidungsträger mit ins Boot und definieren Sie Ihre Präferenzen und Knockout-Kriterien. Es kann z. B. sein, dass bestimmte Anbieter aufgrund nicht ausreichender Qualität ihres Angebotes nicht in Frage kommen. Manchmal sind auch politische Aspekte zu berücksichtigen, wie der bevorzugte Kauf bei Kunden des eigenen Unternehmens. Allerdings sollten solche politischen Verträge auch einmal darauf überprüft werden, ob sich das Gegengeschäft für das eigene Unternehmen noch lohnt.

Preisentwicklung und Vergleichszeitraum

Idealerweise haben Sie vor der Analyse die Preisentwicklung der letzten Jahre und eine Prognose über die weitere Preisentwicklung eingeholt. Zum einen bekommen Sie dadurch eine gute Entscheidungshilfe, ob eine lange Vertragslaufzeit akzeptabel bzw. sinnvoll ist, zum anderen steigen Sie in zyklischen Märkten nicht zum falschen Zeitpunkt ein.

Prüfen sollten Sie auch immer, dass sich die Angebote auf den gleichen Zeitraum beziehen. Die Hersteller in einigen Branchen ändern z. B. zu Jahresbeginn häufig ihre Preise. Wenn Sie dann ein Angebot im Dezember und das andere im Januar eingeholt haben, können schon allein aufgrund dieser zeitlichen Differenz Preisunterschiede entstehen und Sie können die Lieferanten nicht mehr eins zu eins vergleichen.

Auswahl

Zweite Verhandlungsrunde

Der Benchmark für den Vergleich stellt in der Regel das Angebot des bisherigen Lieferanten dar. Schließlich lohnt sich ein Wechsel zu einem anderen Lieferanten nur dann, wenn ein neues Angebot deutlich günstiger ist. Häufig gibt es interne Vorgaben, dass ein Wechsel nur bei einem Preisunterschied von mindestens zehn Prozent Sinn macht.

Häufig bleiben dann nur noch das günstigste Angebot und das Angebot des bisherigen Lieferanten übrig. Zuerst sollte man prüfen, worin die wichtigsten Kostenunterschiede bestehen, und insbesondere den teureren Anbieter damit konfrontieren. Grundsätzlich kann es nach dem ersten Vergleich Sinn machen, alle Anbieter, die in die nähere Auswahl gekommen sind, mit den Ergebnissen zu konfrontieren. Nicht selten haben die Vertriebsmitarbeiter oder Vertriebspartner des Lieferanten noch Verhandlungsspielraum und sind bereit nachzubessern. Auf dieser Basis kann ein neuer Vergleich angestellt werden.

Prozesskosten

Da sich die Angebote nicht nur im Preis unterscheiden, sollten Sie zu jedem Angebot auch die Vor- und Nachteile bei den weichen Faktoren auflisten, um eine umfassende Entscheidungsgrundlage zu haben. Wir empfehlen dabei immer, die Prozesskosten, die mit jedem Angebot verbunden sind, zu berücksichtigen. Wenn beispielsweise ein Anbieter einen sehr guten Service anbietet, der Ihnen im Vergleich zu anderen Angeboten viele Arbeitsstunden pro Jahr einspart, könnten Sie diesen Vorteil ebenfalls in Ihrem Kostenvergleich berücksichtigen. Dadurch gewährleisten Sie, dass bei der Vergabe des Auftrages, die möglicherweise ein Dritter vornimmt, das Angebot mit dem höchsten Nutzen für Ihre Firma die besten Aussichten hat. Andernfalls wird sehr häufig nur nach dem Preis entschieden.

Szenarien

Bedenken Sie bei der Lieferantenauswahl auch immer die Entwicklung des jeweiligen Marktes und des eigenen Unternehmens. Stellen Sie daher verschiedene Entwicklungsszenarien auf und prüfen Sie, welche Angebote unter den jeweiligen Entwicklungsvoraussetzungen am günstigsten sind.

Umsetzung

Ist die Entscheidung gefallen und der Auftrag vergeben, beginnt für Sie im Unternehmen die eigentliche Arbeit. Sie müssen jetzt (in Zusammenarbeit mit dem Anbieter) dafür sorgen, dass ein reibungsloser Übergang funktioniert. Dazu drei Beispiele.

Beispiel 1

Nehmen wir an, Sie haben sich für einen neuen Breitbandanbieter entschieden. An einem definierten Tag wird nun der bisherige Anbieter seine Leistung einstellen und der neue Anbieter wird seine Leistung aufnehmen. Um zu vermeiden, dass in dieser Umstellungsphase Ihre Mitarbeiter mehrere Stunden keine Internetanbindung haben und im schlimmsten Fall der ganze Betrieb lahm liegt, sollten Sie eine Übergangsfrist einplanen und den neuen Anbieter bereits anschalten, bevor der bisherige Partner seine Leistung einstellt. Zudem sollten Sie alle Umstellungsarbeiten in die Abendstunden und auf das Wochenende verlegen. So haben Sie Zeit, das Problem zu lösen, selbst wenn etwas schief geht.

Beispiel 2

Viele Mitarbeiter befinden sich nicht ständig im Unternehmen, sondern sind (zum Teil über längere Zeit) im In- und Ausland für das Unternehmen unterwegs. Schließt Ihre Firma nun einen neuen Mobilfunkrahmenvertrag ab, sollten Sie genügend Vorlaufzeit planen, um auch den Mitarbeitern, die nicht am zentralen Standort sind, die neuen Simkarten und die neue Hardware rechtzeitig zukommen zu lassen.

Beispiel 3

Einige Lösungen – etwa die mobile Zeit- oder Auftragserfassung – können Ihrem Unternehmen sehr viel Nutzen bringen. Dazu müssen die betroffenen Mitarbeiter aber ausreichend in das System eingeführt und darin geschult worden sein. Hat diese Heranführung nicht oder nur ungenügend stattgefunden, wird das neue System keine Akzeptanz und nur schlechte Anwendung finden und der positive Effekt geht verloren.

Ist die Umstellung erfolgreich gemeistert, sollten Sie noch eine Nachkontrolle vornehmen und prüfen, ob Ihr Anbieter alle Rabatte, Sonderkonditionen und Vereinbarungen wie vereinbart abgerechnet hat oder ob Ihnen womöglich doch an der einen oder anderen Stelle Standardpreise berechnet wurden. Die beste Vereinbarung nutzt nichts, wenn sie nicht eingehalten wird und der Benachteiligte es nicht merkt.

17. Umsetzungs-Empfehlungen und 100 Tipps im Überblick

Sie haben in diesem Buch vieles über die Optimierung in einer Reihe von Teilbereichen erfahren. Vom Büromaterial bis zum Travelmanagement gibt es viele Ansätze und verbunden damit die berechtigte Frage, womit man anfangen soll und vor allem wer sich darum kümmert.

Zunächst empfehlen wir Ihnen, mit einem Thema zu beginnen, das für Ihr Unternehmen einen geringen Arbeitsaufwand in der Optimierung bedeutet, gleichzeitig aber messbare Resultate bringt. So ist beispielsweise das Büromaterial ein beliebtes Einstiegsthema bei vielen unserer Kunden. Wichtige Voraussetzung: Sie gehen dabei nach dem Pareto-Prinzip vor. Eine Ausnahme in dieser Reihenfolge sollten Sie dann machen, wenn es Themen im allgemeinen Verwaltungsbereich gibt, die dringlich sind oder für Sie sehr hohe Kosten bedeuten. Das kann der Fall sein, wenn die Kündigungsfrist für Ihre Mobilfunkverträge näher rückt und Sie diesbezüglich eine Entscheidung treffen müssen.

Nun zur Frage, wer sich um die Umsetzung kümmern soll. Je nach Bereich bieten sich ganz unterschiedliche Mitarbeiter im Unternehmen dazu an. So ist das Travelmanagement häufig Sache der Chefsekretärin, der Fuhrpark meistens Chefsache, und Telekommunikationsthemen landen häufig auf dem Tisch des IT-Mitarbeiters. Auch wenn genau diese Ansprechpartner die geeigneten Personen in der Ausführung sind, empfehlen wir Ihnen, eine Schnittstelle zu definieren, bei der die Fäden in der Kostenoptimierung zusammenlaufen. Geeignete Personen dafür sind unserer Erfahrung nach der Leiter des Finanzcontrollings oder der kaufmännische Geschäftsführer.

Die folgende Übersicht enthält die wichtigsten Inhalte der im Buch genannten 100 Tipps noch einmal im Überblick. Hier können Sie eintragen, welche Empfehlungen Sie bereits umsetzen, welche weiteren Maßnahmen für Sie Priorität haben und wer dafür zuständig ist. Die in der Tabelle genannten Seitenzahlen verweisen jeweils auf die ausführlichen Tipps in den Kapiteln 4 bis 14 dieses Buches.

Nr.	Tipp	Bereits umgesetzt	Noch nicht umgesetzt, aber Priorität A	Zuständig
Fuhrpark (Kap. 4, S. 32)				
1	Ordnen Sie jedes Fahrzeug innerhalb Ihres Fuhrparks einem Mitarbeiter zu, der dafür verantwortlich ist			
2	Pflegen Sie einen möglichst homogenen Fuhrpark			
3	Senken Sie Prozesskosten durch Tankkarten			
4	Führen Sie Mitarbeitertrainings zum Benzinsparen durch			
5	Vermeiden Sie Leerstände durch Langzeitmiete			
6	Externalisieren Sie Fahrzeugkosten			
Travelmanagement (Kap. 5, S. 42)				
7	Planen Sie Ihre Geschäftsreisen frühzeitig			
8	Regeln Sie Befindlichkeiten in einer einheitlichen Reiserichtlinie			
9	Motivieren Sie Ihre Mitarbeiter zur Mithilfe bei der Nutzung von Einsparmöglichkeiten			
10	Verzichten Sie zu Gunsten der Kosten auf Flexibilität			
11	Nutzen Sie Geodaten für Ihre Reiseplanung			
12	Rechnen Sie bei Low-Cost-Carriern die Wege mit ein			
13	Entlasten Sie Ihre Buchhaltung durch die Nutzung einer Corporate Card			
14	Geben Sie Ihren Vielnutzern eine Bahncard			
15	Nutzen Sie Bonusmeilen für die Firma			
16	Prüfen Sie auch touristische Hotelangebote			

Nr.	Tipp	Bereits umgesetzt	Noch nicht umgesetzt, aber Priorität A	Zuständig
Festnetz (Kap. 6, S. 54)				
17	Wechseln Sie nur bei einem günstigen Aufwand-Nutzen-Verhältnis			
18	Wählen Sie die passende Angebotsform (Preselection, Vollanschluss, Voice over IP)			
19	Achten Sie auch auf die weichen Faktoren (wie Taktung, Optionen, inklusive Serviceleistungen, Referenzen, Möglichkeit einer Teststellung)			
20	Denken Sie an die Kündigungsfristen			
21	Überprüfen Sie regelmäßig Ihre Tarife			
22	Rechnen Sie durch, ob sich eine Flatrate lohnt			
23	Erkundigen Sie sich nach zusätzlichen Kosten, besonders wenn Sie über einen Vollanschlusswechsel oder eine VoIP-Lösung nachdenken			
24	Achten Sie auf die Vertragslaufzeit			
25	Denken Sie über die Möglichkeit einer Fixed-Mobile-Integration nach			
26	Nutzen Sie das Handy für unternehmensinterne Mobilfunkgespräche			
Breitband (Kap. 7, S. 63)				
27	Akzeptieren Sie keine zu langen Laufzeiten			
28	Machen Sie Vollkostenrechnungen			
29	Prüfen Sie die Verfügbarkeit an den gewünschten Standorten			
30	Sorgen Sie für skalierbare Lösungen			

Nr.	Tipp	Bereits umgesetzt	Noch nicht umgesetzt, aber Priorität A	Zuständig
31	Achten Sie auf die Kündigungsfristen			
32	Investieren Sie in Expertenrat für eine bedarfsgerechte Anlage			
33	Prüfen Sie alternative Lösungen der Standortvernetzung			
34	Sorgen Sie für einen guten Service			
Mobilfunk (Kap. 8, S. 73)				
35	Sorgen Sie für homogene Verträge			
36	Legen Sie im Vorfeld die Angebotsregeln fest			
37	Nutzen Sie offene Rahmenverträge			
38	Prüfen Sie die Qualität mit einer Teststellung			
39	Sorgen Sie für einheitliche Hardware			
40	Achten Sie auch auf weiche Faktoren wie Service und kostenfreie Extras			
41	Lassen Sie sich eine Gutschrift anbieten, wenn Sie beim Abschluss eines Mobilfunk-Rahmenvertrages auf neue Hardware verzichten können			
42	Prüfen Sie, ob sich eine Flatrate lohnt			
43	Achten Sie bei Minutenpaketen darauf, ob sie Ihrem Nutzungsprofil entsprechen			
44	Prüfen Sie, ob beim Anbieterwechsel alle Nummern portiert werden müssen			
45	Nehmen Sie zur Qualitätssicherung ggf. einzelne Verträge aus größeren Rahmenverträgen aus			

Nr.	Tipp	Bereits umgesetzt	Noch nicht umgesetzt, aber Priorität A	Zuständig
46	Schalten Sie Ihre Mailbox im Ausland ab			

Mobile Lösungen (Kap. 9, S. 82)

Nr.	Tipp	Bereits umgesetzt	Noch nicht umgesetzt, aber Priorität A	Zuständig
47	Ermitteln Sie Ihren Bedarf			
48	Favorisieren Sie standardisierte Lösungen			
49	Wählen Sie Lösungen, die auf Hardware-, Software- und Datenebene funktional und wirtschaftlich sind			
50	Nutzen Sie Teststellungen			
51	Sorgen Sie für Akzeptanz bei den Anwendern			
52	Setzen Sie Multicards für mehrere Geräte ein			
53	Achten Sie auf Datenkosten im Ausland			

TK-Anlagen (Kap. 10, S. 89)

Nr.	Tipp	Bereits umgesetzt	Noch nicht umgesetzt, aber Priorität A	Zuständig
54	Holen Sie sich für die Ausschreibung einen Profi ins Boot			
55	Vereinbaren Sie ein passendes Honorarmodell			
56	Verfassen Sie vollständige Pflichtenhefte			
57	Prüfen Sie genau die Rechnungen			
58	Sparen Sie Wartungsgebühren durch kompetente Reseller			
59	Achten Sie darauf, dass Sie eine Ausstiegsklausel aus den Wartungsverträgen haben			
60	Achten Sie auf die Vertragslaufzeiten (heute sind fünf Jahre üblich)			

Nr.	Tipp	Bereits umgesetzt	Noch nicht umgesetzt, aber Priorität A	Zuständig
Lohn- und Personalbereich (Kap. 11, S. 96)				
61	Schenken Sie Mitarbeitern Freiraum (z. B. bei der Auswahl ihrer Büroausstattung)			
62	Reduzieren Sie unnötige Verwaltungsaufgaben			
63	Führen Sie ein Ideenmanagement ein			
64	Binden Sie gute Mitarbeiter			
65	Nutzen Sie den Service einer Mitarbeitereinkaufsgemeinschaft			
66	Binden Sie die gesetzliche Krankenversicherung in die Gesundheitsprophylaxe ein			
Büromaterial (Kap. 12, S. 104)				
67	Vertrauen Sie nur auf die Zahlen			
68	Vergleichen Sie nach dem Pareto-Prinzip			
69	Achten Sie auf die Prozesskosten			
70	Nutzen Sie die Kompetenz Ihres Anbieters			
71	Nutzen Sie die Lagerhaltung bei Ihrem Lieferanten			
72	Bestehen Sie auf persönlicher Betreuung			
73	Bestellen Sie bei einem Vollsortimenter			
74	Vereinbaren Sie eine Kickback-Regelung			
75	Lassen Sie sich Warenproben schicken			
Druckkosten senken (Bonuskapitel, S. 106)				
76	Reduzieren Sie die Auflösung Ihres Druckers			

Nr.	Tipp	Bereits umgesetzt	Noch nicht umgesetzt, aber Priorität A	Zuständig
77	Drucken Sie im Schwarzweiß-Modus			
78	Drucken Sie nur die benötigten Bereiche			
79	Nutzen Sie den Sparmodus Ihres Druckers			
80	Vermeiden Sie Ausdrucke wenn möglich			
81	Schalten Sie den Drucker erst bei Gebrauch ein			
82	Nutzen Sie Rebuilt-Lösungen			
83	Wechseln Sie Tinte bzw. Toner erst dann aus, wenn die Seiten sichtbar schlechter werden.			
Büromöbel (Kap. 13, S. 113)				
84	Holen Sie sich frühzeitig Unterstützung			
85	Vergleichen Sie Angebote auf Vollkostenbasis			
86	Beachten Sie gesetzliche Richtlinien			
87	Nehmen Sie ein flexibles Programm			
88	Besorgen Sie sich einen Partner, der Ihnen eine schnelle und zuverlässige Lieferung gewährleistet			
89	Seien Sie vorsichtig bei unseriösen Angeboten			
90	Kaufen Sie kein zu exotisches Programm			
Drucksachen (Kap. 14, S. 121)				
91	Machen Sie immer Vollkostenrechnungen			
92	Verhandeln Sie Ihren Jahresbedarf			
93	Achten Sie auf weiche Faktoren			

Nr.	Tipp	Bereits umgesetzt	Noch nicht umgesetzt, aber Priorität A	Zuständig
94	Betreiben Sie Zielgruppen-Marketing			
95	Onlinedruckereien eignen sich nur bedingt			
96	Nutzen Sie Digitaldruck, wenn Sie nur eine kleine Stückzahl benötigen, Standardpapiere genügen und Sie keine besonders hohe Qualität brauchen.			
97	Vermeiden Sie redundante Kosten durch zu viele Lieferanten			
98	Sichern Sie sich die Rechte an Ihren Vorlagen			
99	Kontrollieren Sie Ihre Lieferung			
100	Suchen Sie sich einen guten Makler			

Am Ende dieses Buches angelangt, wünschen wir Ihnen viel Erfolg in der Umsetzung, hohe Ersparnisse und Spaß an der Sache! Die eine oder andere Anregung finden Sie auch auf unserem Weblog unter http://www.meipor.de/blog, wo wir regelmäßig Beiträge rund um das Thema „Beschaffung im allgemeinen Verwaltungsbereich" veröffentlichen. Wenn Sie an der einen oder anderen Stelle noch einen Rat benötigen, stehen wir Ihnen gerne für eine persönliche Kontaktaufnahme zur Verfügung.

Stichwortverzeichnis

Über die Autoren

Matthias Meyer und Burkhard Schneider sind die geschäftsführenden Gesellschafter der Firma Meipor. Das Unternehmen hat seinen Sitz in Bensheim (Hessen) und ist darauf spezialisiert, die Einkaufs- und Prozesskosten in mittelständischen Unternehmen zu reduzieren. Dabei versteht sich Meipor als Generalist, der für den Mittelstand die Optimierung sämtlicher Kostenbereiche aus einer Hand anbietet.

Matthias Meyer, Jahrgang 1975, absolvierte sein Studium an der Johannes-Gutenberg-Universität in Mainz. Bevor er die Gesellschaft Meipor mitbegründete, sammelte er unternehmerische Erfahrungen im Marketing und in der Telekommunikationsbranche. Innerhalb des Unternehmens und in diesem Buch bringt er sein Know-how hauptsächlich in die Bereiche Travelmanagement, Telekommunikation, Büromaterial, Büromöbel und Drucksachen ein.

Burkhard Schneider, Jahrgang 1967, studierte nach einer Lehre bei der Dresdner Bank an der Johann-Wolfgang-Goethe-Universität in Frankfurt. Anschließend war er im Venture-Capital-Bereich und als selbstständiger Unternehmensberater tätig. Im Unternehmen Meipor und in diesem Buch fließen seine Kenntnisse hauptsächlich in die Bereiche Fuhrpark, Lohn- und Personalkosten sowie Outsourcing mit ein.

Kontakt:

Meipor GbR
Neugrabenstraße 7
64625 Bensheim

E-Mail: info@meipor.de
Internet: http://www.meipor.de

Für Ihren Verkaufserfolg

Praxisbewährte Strategien für mehr Umsatz in engen Märkten

"Die Vertriebs-Offensive" beschreibt eine schlag-
kräftige Strategie, die Vertrieblern hilft, sich
selbst in stark umkämpften Märkten durchzusetzen, mehr Umsatz zu erzielen und damit auch die
Freude am Vertrieb wiederzugewinnen.

Ewald Lang
Die Vertriebs-Offensive
Erfolgsstrategien für
umkämpfte Märkte
2007. ca. 184 S.
Geb. ca. EUR 34,90
ISBN 978-3-8349-0408-9

Schlüsselkunden finden und binden

Ein unverzichtbarer Ratgeber für alle Entscheider
und Mitarbeiter im Vertrieb, die Key Account
Management einführen und ihre Vertriebsperfor-
mance optimieren wollen. Mit Checklisten, Pra-
xisbeispielen und Umsetzungshilfen. Neu in der
2. Auflage: Wichtige Analysetools zur Markt- und
Kundenbewertung und zusätzliche Fallbeispiele.

Hartmut Biesel
**Key Account Management
erfolgreich planen
und umsetzen**
Mehrwert-Konzepte
für Ihre Top-Kunden
2., überarb. Aufl. 2007. 360 S.
Geb. EUR 49,90
ISBN 978-3-8349-0403-4

Erfolgreich verkaufen im immer härteren Wettbewerb

"Das neue Hardselling" rückt die eigentliche
Aufgabe des Verkäufers - den zielgerichteten
Abschluss - wieder in den Mittelpunkt. Es folgt
in acht Stufen dem idealtypischen Ablauf einer
erfolgreichen Kundenakquise und der daraus
folgenden Kundenbindung. Ob als kurzweiliges
Intensivtraining, informatives Nachschlagewerk
oder Inspirationsquelle für kreatives Verkaufen
- das Buch bietet fundiertes Know-how für alle,
die beim Verkaufen den optimalen Abschluss
suchen.

Martin Limbeck
Das neue Hardselling
Verkaufen heißt verkaufen –
So kommen Sie zum Abschluss
2., erw. Aufl. 2007. ca. 280 S.
Geb. ca. EUR 39,00
ISBN 978-3-8349-0540-6

Änderungen vorbehalten. Stand: Januar 2007.
Erhältlich im Buchhandel oder beim Verlag.

Gabler Verlag . Abraham-Lincoln-Str. 46 . 65189 Wiesbaden . www.gabler.de

Marketing für erfolgreiche Unternehmen

McDonald's - ein Paradebeispiel für erfolgreiches Marketing

McDonald's gilt als Paradebeispiel für erfolgreiches Marketing-Management. Der Autor erläutert - auch für Nicht-Ökonomen verständlich - die Marketing-Strategie von McDonald's sowie deren Hintergründe und Ziele.

Willy Schneider
McMarketing
Einblicke in die Marketing-Strategie
von McDonald's
2007. 261 S.
Geb. EUR 39,90
ISBN 978-3-8349-0160-6

7 Schlüssel zur Verbesserung der Marketing Performance

In „Marketing Excellence" beschreibt das bewährte Autorenteam gängige Ansätze und neueste Akzente im Marketing an ausgewählten Fallbeispielen und präsentiert sieben Stellschrauben, die für eine gelungene Marketing Performance exakt justiert sein müssen. Dazu gehören eine funktionierende interne Kommunikation, richtig verstandenes Innovationsmanagement und echte Nähe zum Kunden ebenso wie eine glaubwürdige Positionierung.

Ralf T. Kreutzer | Holger Kuhfuß | Wolfgang Hartmann
Marketing Excellence
7 Schlüssel zur Profilierung Ihrer
Marketing Performance
2007. 212 S.
Geb. EUR 36,90
ISBN 978-3-8349-0390-7

Systematisch und kreativ zur Alleinstellung

Gerade im heutigen Verdrängungswettbewerb ist es für Unternehmen wichtig, sich nicht nur über den Preis zu differenzieren, sondern vielmehr in ein optimal positioniertes Produkt oder eine Marke zu investieren. In diesem Buch erfährt der Leser, was eine Positionierung ist, wie er eine Positionierung von Anfang an plant und konzipiert, ein überzeugendes Verkaufsversprechen (USP) erarbeitet und eine geeignete Werbestrategie entwickelt. Praxiserprobte Arbeitsblätter, Checklisten, Übungen und Fallbeispiele helfen bei der Umsetzung.

Rainer H.G. Großklaus
Positionierung und USP
Wie Sie eine Alleinstellung
für Ihre Produkte finden
und umsetzen
2006. 288 S.
Geb. EUR 48,00
ISBN 978-3-8349-0073-9

Änderungen vorbehalten. Stand: Januar 2007.
Erhältlich im Buchhandel oder beim Verlag.

Gabler Verlag . Abraham-Lincoln-Str. 46 . 65189 Wiesbaden . www.gabler.de   **GABLER**